现代企业文化与企业创新研究

许金国 著

群言出版社
QUNYAN PRESS
·北京·

图书在版编目（CIP）数据

现代企业文化与企业创新研究 / 许金国著．-- 北京：群言出版社，2023.2
ISBN 978-7-5193-0805-6

Ⅰ．①现… Ⅱ．①许… Ⅲ．①企业文化－研究②企业创新－研究 Ⅳ．①F272-05②F273.1

中国版本图书馆 CIP 数据核字（2022）第 256822 号

责任编辑：张文斌
封面设计：知更壹点

出版发行：群言出版社
地　　址：北京市东城区东厂胡同北巷1号（100006）
网　　址：www.qypublish.com（官网书城）
电子信箱：qunyancbs@126.com
联系电话：010-65267783　65263836
经　　销：全国新华书店

印　　刷：三河市明华印务有限公司
版　　次：2023年2月第1版
印　　次：2023年2月第1次印刷
开　　本：710mm×1000mm　1/16
印　　张：10.25
字　　数：205千字
书　　号：ISBN 978-7-5193-0805-6
定　　价：60.00元

【版权所有，侵权必究】

如有印装质量问题，请与本社发行部联系调换，电话：010-65263836

作者简介

许金国，男，1968年2月出生，山东省东营市人，毕业于陕西师范大学，大学本科，历史专业，现任中石化第四建设有限公司党委副书记、纪委书记、工会主席，研究方向：党内法规、国企党建理论与实践、企业文化建设。长期从事国有企业党建管理、干部管理、纪检监察、群团宣传等方面的研究与实践工作，具有较丰富的专业经验，在国内外期刊发表论文十余篇。

前　言

企业文化作用于人力资源，人力资源引领企业创新，而企业创新最终体现在企业产品上，因此企业文化和企业创新要"知行合一"，这样企业才能不断生产出具有竞争力的产品，才能在激烈的市场中生存下去，实现自身的可持续发展。

全书共七章。第一章为绪论，主要阐述了企业文化的内涵、企业文化兴起的影响因素、企业文化的演变、企业文化的意义、企业创新等内容；第二章为企业文化的理论基础、结构与功能，主要阐述了企业文化的理论基础、企业文化的结构与功能等内容；第三章为企业文化构建基本思路，主要阐述了企业文化构建的目标、企业文化构建的理论基础、企业文化构建的原则和路径等内容；第四章为企业文化的传播，主要阐述了企业文化传播的内涵、企业文化传播的要素、文化传播的时机与过程等内容；第五章为企业文化与企业创新的关系，主要阐述了影响企业创新的因素、企业文化对企业创新的作用等内容；第六章为企业综合创新，主要阐述了企业管理创新、企业营销创新、企业科技创新、企业环境创新、企业技术创新、企业品牌创新等内容；第七章为中国传统文化与企业文化，主要包括中国古代管理思想、中国传统文化与企业文化的构建两方面内容。

笔者在撰写本书的过程中，借鉴了国内外很多相关的研究成果及著作、期刊等，在此对相关学者、专家表示诚挚的感谢。

由于笔者水平有限，书中有一些内容还有待进一步深入研究和论证，在此恳切地希望各位同行专家和读者朋友予以斧正。

目　录

第一章　绪　论 ··· 1
- 第一节　企业文化的内涵 ··· 1
- 第二节　企业文化兴起的影响因素 ··· 7
- 第三节　企业文化的演变 ··· 9
- 第四节　企业文化的意义 ·· 14
- 第五节　企业创新 ··· 18

第二章　企业文化的理论基础、结构与功能 ································· 33
- 第一节　企业文化的理论基础 ·· 33
- 第二节　企业文化的结构与功能 ·· 40

第三章　企业文化构建基本思路 ··· 47
- 第一节　企业文化构建的目标 ·· 47
- 第二节　企业文化构建的理论基础 ·· 51
- 第三节　企业文化构建的原则和路径 ··· 53

第四章　企业文化的传播 ··· 67
- 第一节　企业文化传播的内涵 ·· 67
- 第二节　企业文化传播的要素 ·· 71
- 第三节　企业文化传播的时机与过程 ··· 76

第五章　企业文化与企业创新的关系 ··· 81
- 第一节　影响企业创新的因素 ·· 81
- 第二节　企业文化对企业创新的作用 ··· 97

第六章 企业综合创新 ········· 105
第一节 企业管理创新 ········· 105
第二节 企业营销创新 ········· 115
第三节 企业科技创新 ········· 118
第四节 企业环境创新 ········· 122
第五节 企业技术创新 ········· 127
第六节 企业品牌创新 ········· 132

第七章 中国传统文化与企业文化 ········· 140
第一节 中国古代管理思想 ········· 140
第二节 中国传统文化与企业文化的构建 ········· 146

参考文献 ········· 154

第一章 绪 论

企业文化和企业创新是企业生存发展的动力。本章分为企业文化的内涵、企业文化兴起的影响因素、企业文化的演变、企业文化的意义、企业创新四部分，主要包括文化的定义、企业管理、企业发展、企业需求、企业生命周期与企业文化、不同阶段的企业文化、企业文化是管理史上的一次重大变革、企业创新概述、企业创新理论发展等内容。

第一节 企业文化的内涵

一、文化的定义

"文化"一词来源于拉丁文 culture，拉丁文的解释主要是"耕作、培育、发展、尊重"，最初指在土地上耕种，后指对人的培养，再往后指社会精神财富和物质财富。我国的《辞海》仍然把文化从广义和狭义两方面进行阐释。广义上泛指精神和物质两方面财富的总和，而这些财富是人们在社会活动中所创造的。狭义上则指整个社会的意识形态和与之相匹配的相关体制和机构组成。结合东西方关于文化的起源和概念上的研究可以知道，不管是东方或是西方的学者，都认为文化就是人类所创造的精神财富和物质财富的总和。

二、企业文化的定义

学术界关于企业文化的定义主要源于人类学、宗教、企业层面。在此就企业层面的定义做了研究。1981年，威廉·大内（William Ouchi）提出公司内部存在一些仪式和风俗文化，它们体现和传达着公司的核心价值观念和信仰，并在工作过程中潜移默化地传递给员工。这些仪式丰富了相关概念，使它们具有活力和生命力，从而能够对一个新雇员具有重要意义和深远影响。

他运用了大量的案例进行研究，通过对日本战后经济能够快速发展的原因进行分析得出其关键在于企业文化。威廉·大内比较明确、集中而全面地首先提出了企业文化的概念。理查德·特纳·帕斯卡尔（Richard Tanner Pascale）和安东尼·G. 阿索斯（Anthony G. Athos）觉得管理应当还是一种文化，是具备价值观、信仰、工具和承诺的文化。特雷斯·E. 迪尔（Terrence E. Deal）和艾伦·肯尼迪（Allan Kennedy）提出的价值观念、英雄角色、礼仪习俗、企业文化网络和环境共同构成了企业文化的五个非常重要的要素。而发挥主要作用的是价值观。托马斯·J. 彼得斯（Thomas J. Peters）和罗伯特·H. 沃特曼（Robert H. Waterman）都指出，企业文化拥有强大的力量。它是企业内的共同价值观念与指导思想，能够让各个组成之间形成协调一致的习惯，能够让员工个人能力得到展示并得到职业发展的机会。1985年，埃德加·沙因（Edgar Schein）在《企业文化与领导》一书中指出企业文化的形成是员工间相互作用的结果。同时，企业文化被大多数成员所认同，是可以被用来教导培训新成员的一套企业价值体系。国内学者认为企业文化是企业的核心竞争力，它是在企业发展的过程中，由企业的外在形象、精神和内部的制度构成的，且存在于经济活动的组织中，包括了价值观念、行为准则等物质和思想意识。能落地的企业文化才是真正的文化，而落地的关键在于制度，制度是企业文化的主要内核。

企业文化至少要包括以下几个部分：企业文化在企业发展的过程中形成，是精神类和物质类文化的总和；经过领导和员工的实践和认可；各部分之间互相作用、互相影响；对提高企业竞争力和员工凝聚力有重要作用。

三、企业文化的特征

企业文化是一种独特的文化，它虽然带有一切文化都具有的精神性、社会性、集合性、独特性和一致性特征，但企业文化是文化的本质和人的本质的辩证统一，是在企业物质生产和精神生产中的典型反映和高度抽象。企业文化虽然有众多不同的表现形态和现象，但又有共同的一般本质特征。

（一）具体性

企业文化的具体性主要体现在它是深植于每个企业灵魂深处的，它代表着每个企业的独特个性。正是这份鲜明的个性特征，才使得每个企业在建设企业文化过程中，承载着其独特的历史背景、文化元素以及行业特点。这也充分展现出企业文化的多元发展，因此，只有深植企业文化，企业才能焕发出巨大的活力。

（二）时代性

企业文化的时代性主要体现在每一个不同的时代都有印有每个不同时代符号的企业文化。因为企业文化不仅承载着企业的内涵特性，而且受到那个时代的政治、经济以及社会层面文化的影响。例如，20世纪80年代美国和日本的企业文化就深深地印刻着当时美日竞争的社会环境烙印。

（三）人本性

企业文化作为一种具体的社会文化形态，在价值体系的理性建构中是以人的更好发展为根本的。从文化与人的相互关系中，可以看到文化由人创造出来，并反过来影响人的发展。在文化创造的过程中，人当然是文化产生的主体，并且在不同文化的建构中，注入了不同地域、不同民族、不同习性的人的价值内涵。各式各样的文化样式正是关注人生存发展本身，才具有现实的生命力。不同的文化样式，在人的时代延续与传承中，不断积淀创新，才具有真实的历史感。积极优秀的文化内涵注定不会被时代抛弃，落后的糟粕也会被历史舍弃。对于与人本质相关的正直、勇敢、善良、德性、节制等这些属人的价值元素，不会被遗弃，而且会随着社会历史的发展更具有属人的、纯粹的文化特质。因此，只有那些真正关注人本质发展的、符合社会历史发展潮流的属人的本质文化内涵才会被镌刻在历史印记中，并历久弥新，焕发辉煌。另外，企业生产经营管理的主体是能够进行生产经营的劳动者，企业文化的价值内核是以人为本。企业生产经营的主要目的是生产具有使用价值的产品，获取较大的经济收益，进行较多的资本积累。虽然企业通过支付劳动者一定的薪资报酬的方式获取了进行生产经营的必要劳动力，在生产的产品中注入了劳动力价值，并在企业产品的经营流通中实现了劳动力价值到商品价值的转化，同时劳动力作为一种商品而被赋予价值内涵，但在组织结构和管理体系复杂的现代企业生产经营中，无论是企业生产的产品还是企业产品的使用都是以人的现实生活为价值导向的，两者都具有属人的社会属性。企业作为一种组织团体，在具体的产品生产中，必然要组织协调好不同工作岗位、不同工作性质、不同组织之间的合理人员调配，如此才能保证企业生产的良好运行。

（四）综合性

企业文化的综合性主要体现为企业文化是一项综合性的研究成果，它涵盖管理科学、心理学、组织行为学以及社会学等多个学科的知识，并且企业文化探究企业中各种管理要素的平衡与重构，这也使得企业文化自身就带有综合性。与此同时，企业文化本身的包容性也较强，对于其他内容的整合程度也较高，因此也使其具有较强的综合性。

（五）动态性

文化形态的发展演进与社会历史的进步是相适应的，既具有相对稳定性又具有相对独立性。各种样式的文化发展都需要长时间的历史积淀。人类在对优秀民族传统、文明社会习俗和积极道德伦理的继承和发展中，不断获得积极价值观念的价值肯定与确信，进而保持精神与心灵的安宁和满足。文化的价值内涵具有显著的可塑意蕴，并且文化的价值可塑性是由文化与社会历史的发展相适应的关系决定的。文化的价值塑造是一个动态的变化过程，企业文化同样表现出一定的价值延续和动态发展特征。在企业文化发展之初，企业文化的价值体系并未形成，关于企业文化价值内核的凝练表达当然并未凸显出来。从现实企业发展来看，企业的品牌标识直接代表企业形象，是企业文化价值内核的直接外化表现。由于企业生产发展体系和部门组织结构的不完善，企业文化中的物质文化和制度文化不能通过企业价值观念直接表达出来。企业发展之初关注的还是企业的产品生产，注重企业生存发展的初级层次目标，即获取较大的经济收益，并未进入对企业价值体系的深层次建构中。消费者和市场可以通过对企业生产的产品进行使用来表现其价值，企业产品的价值转化为对企业的评价是一道重要的价值判定和价值选择难题。生产出符合消费者和市场价值肯定与认同的产品，是企业生存发展的关键。一般企业通过完善企业生产管理制度、保障企业员工劳动权益、维护企业形象、建立企业品牌文化等举措，获得了企业文化的价值塑造和价值认同。企业文化的动态发展受到社会历史发展水平和企业生产经营管理方式创新等因素的影响。企业发展之初的目标是获得较大的经济收益、保障企业生存的价值文化目标实现。随着企业生产规模和经济收益的不断扩大与增加，企业通过增加税收、提供就业、加注慈善等方式主动承担起了更多的社会责任，同时也维护了企业形象，建构了品牌文化，进而能够获得更多的价值认同，吸引更多的资本积聚。当然，对于那些不适应企业发展的价值内容，会不断被继承创新，甚至被摒弃。企业文化价值体系建构不是短时间就可以快速完成的，需要经历长时间的社会历史实践的洗礼，只有符合社会价值取向的文化内容才能得到社会、市场、劳动生产者和消费者的肯定与认同。所以，企业的文化价值具有较强的内容可塑和动态发展的现实特征。

（六）可塑性

企业文化的可塑性主要体现为企业文化可以企业的实际情况为根据，随时不断地进行修正，让它可以沿着正确的方向发展。与此同时，企业文化不但代表着企业的个性特征，更代表着企业管理者的个性特征。这也让企业文化具有更形象的具体表现，也给企业文化提供了可以被塑造的空间。

（七）客观性

第一，企业是社会进步发展的重要组织团体，在推动社会经济发展、社会文明演化中发挥着重要的作用。从社会组织结构的组成部分分析，企业既具有典型的纵向层级管理的特征，又具有突出的横向部门协调的结构特点。在企业的生产经营管理体系中，各个层级间存在着领导与被领导的关系，企业生产不仅受到社会生产力发展水平、科学技术发展条件、市场环境等因素的影响，而且受到企业领导决策的直接影响。在生产规模较大、组织体系复杂的现代企业生产中，不同部门之间的职能分工、不同人员之间的协同劳作，直接影响着企业的生产效率和经济收益。企业生产经营中所积累起来的企业资产，是社会发展的经济基础，是保障企业员工生存发展所需的物质资料和精神需要的重要物质前提。

第二，企业文化是企业向外扩大宣传和对内深化价值共识、规范行为准则、优化组织风气的重要载体。把企业文化理解为纯粹的精神表现是片面的，企业文化作为一种社会意识形态的具体表现，受到由社会生产力发展水平限制的企业经营生产的直接影响。企业文化的复杂文化结构体系决定，不能用脱离企业现实的社会生产和抽象孤立的价值逻辑进行分析。企业文化的存在是由社会生产力发展水平、企业生产经营主体内容决定的，其中企业文化的核心是企业员工甚至社会公众对企业价值观基本形成共识。例如，我们用到支付宝就会想到阿里巴巴的企业精神、用上 5G 就会想到中国华为、坐上中国高铁就会想到中国基建翘楚等。

（八）发展性

企业文化的发展性主要体现为企业文化可以被继承和发扬。企业文化起源于企业的生产实践，但是，实际上，在形成企业文化的过程中，既会形成好的企业文化，也会形成一些不好的企业文化。这些好的企业文化，就会在企业文化的不断发展中，被继承和发扬下来，不断深挖时代内涵；不好的企业文化随着企业的不断自我调整，也会被逐渐淘汰。

四、企业文化的要素

美国的特雷斯·迪尔和艾伦·肯尼迪在《企业文化——现代企业的精神支柱》一书中指出文化的构成要素有五个，分别是企业环境、价值观、企业的人物、习俗与仪式、文化网络。

（一）企业环境

企业文化的形成离不开社会环境，这里的环境是指企业所处的外部环境，包括政治法律环境、经济环境、社会文化环境、技术环境等方面。要塑造良好的企业文化，就必须认清和掌握企业文化所依赖的环境因素。企业文化环境分为两个维度，一是宏观环境，主要包括国家方针政策、经济发展水平、技术发展水平、民族文化传统、自然地理条件等；二是微观环境，主要包括企业的社会形象、企业所属地区的经济发展状况、地方法规政策、当地风俗习惯及乡土人情等。一个企业只有在准确认识和把握自身所处的内外部环境的情况下，才能提出合理的企业文化建设方案，从而推动企业文化建设工作顺利实施。

（二）价值观

企业价值观是指企业在生产经营过程中被绝大多数成员认同的基本信念和共同追求的目标，它反映企业的基本特征及对内对外的态度，是企业日常经营管理行为的内在依据，是企业领导者与员工判断事物的标准，引导和规范着企业领导者及员工的行为。任何一个成功的企业都很重视企业价值观的建设，并要求员工将企业的价值观转化为思想自觉和行为自觉，认同并传播企业的价值观。

企业价值观决定着企业的个性，指引着企业的发展方向，是一个企业持久发展的精神支柱，在减少企业运营成本、提高企业经营效率、凝聚企业发展合力、激发员工创造活力方面发挥着重要作用。

（三）企业的人物

企业通过树立一个英雄模范人物或榜样，大力向其他员工宣传企业所提倡和鼓励的东西，让员工向英雄模范人物看齐，更形象地将企业的价值理念深入人心，落实于行。

企业的英雄人物是企业价值观的人格化体现，代表了一个企业的形象。主要包含两种类型，一种是"创业式英雄"，他们在企业成立之日就存在，并且与企业共同成长，他们有正确的追求、有坚忍不拔的毅力和强烈的责任感，他们认为通过友好地对待员工、不断向员工倡导一种持久的价值观就能使企业发展壮大。

创业式英雄与其他管理者不同，他们的精神和信念不会随着生命的消亡而散去，而是将持续影响好几代人。另一种是"情势英雄"，是企业根据形势发展的需要精心塑造出来的，并通过宣传其日常工作中的成功事例来激励和鼓舞员工，通常他们所发挥的作用是短期的、具体的。

（四）习俗与仪式

习俗与仪式是指在企业日常活动中频繁出现、约定俗成的活动，是企业价值观的体现，反映企业的凝聚力。企业通过习俗和仪式来规范员工的行为等，从而把企业的价值理念、英雄形象等灌输给每一个人，烙印于员工的脑海中。

习俗就是指企业的日常风俗习惯，包括缓和企业内部紧张气氛、激励创新活动的游戏，加强领导与员工、部门之间的沟通和了解的聚餐等。

仪式是指企业按照一定的章程和步骤有序开展的活动。常见的仪式：第一，问候仪式。第二，赏识仪式。当某人出色完成一项工作或晋升时，就举行赏识仪式并授予当事人一定的奖励，目的是让公司所有人都弄清楚他们被赏识的原因。第三，工作仪式。这种活动经常在日常工作中出现，以此来增加员工的自我价值感，如每天上班前全体员工做操唱歌。第四，管理仪式。领导处理日常事务时所运用的仪式。第五，庆典。企业为庆祝某个重要时刻而举办的仪式。第六，研讨会或年会。为奖励有功员工，鼓励发明创造而举办的盛大庆典。

（五）文化网络

文化网络是企业内部员工通过多种形式对企业信息进行加工并以多种形式来传播消息而形成的。每个人在企业的文化网络中都扮演着不同角色，其中，非正式团体成员常常在众人面前讲述本团体内其他人的优秀事迹，目的是提高自己在组织中的地位。

第二节 企业文化兴起的影响因素

一、企业管理

企业文化是一种管理实践。企业文化和企业管理有着密不可分的关系，20世纪70年代初的时候，美国就有管理学家就提出过："管理是同文化相关的，管理应当以文化为基础，管理是一种社会职能，不仅要承担社会责任，而且要根植在社会文化中。"管理和文化是互相影响的,管理会影响文化的形成,文化也会影响管理的效果。管理不是独立存在的,而是存在于社会文化、社会制度当中的,这样才能发挥管理的作用。正是由于管理和文化的相互作用,管理才需要根植于文化中。

众所周知,在不同时代、不同国家、不同企业中,管理具有不同的风格和观念,管理风格和观念的不同是由很多原因造成的,这些原因中文化差异是最基本的,文化背景和文化内容的差异导致企业的管理风格和观念不一样。不同企业可能差异大,可能差异小,多少都会有差异。企业文化就产生于企业的管理活动中,在各个国家的兴起也与企业管理联系紧密。管理风格和观念的不同形成文化差异,而文化在管理活动中形成,这两者是相辅相成的。

二、企业发展

企业文化热潮是全球性的。20世纪80年代以后的企业面临与之前完全不同的新问题,要想解决新问题,就要想新办法。各个国家的企业要想发展,也会面临同样的新问题,虽然所处的社会环境不一样,面临的问题也不完全一样,但是其中不乏共性问题。日本的经济高速增长,企业也具有超强的竞争力,引来了其他国家很多企业的羡慕,这使很多企业意识到要想取得超强的竞争力不仅取决于资源、能力和技术,更重要的是企业文化,而且是高质量的企业文化。随着经济的发展和企业自身的发展,为了实现企业提高竞争力的目标,企业文化应运而生。

"企业文化"于1986年在我国出现,出现的根本原因是市场经济的快速发展和企业自身的发展使企业意识到只有企业文化能够使市场经济的快速发展和企业自身的发展相匹配。要让企业文化引领企业的发展,让企业文化解决市场经济快速发展和企业自身发展中的问题,以谋求企业的长久发展,跟上时代发展的步伐。

每个企业都有生命周期,大多数企业的生命周期可以分为导入期、成长期、成熟期和衰退期,在不同阶段企业文化也不一样,会随着企业的发展而变化,企业文化的兴起就源于企业从导入期到成长期,再到成熟期最后到衰退期的发展过程。发展阶段不同,企业的管理模式不同,企业文化也不同,在企业发展的这个循环过程中,企业会形成适合自己的企业文化,企业在完成各个发展阶段的管理任务的同时,促进了企业文化的兴起,归根结底还是企业不同时期的管理催生了企业文化。

三、企业需求

企业会有各方面的需求,如战略方面的需求、发展方面的需求等,企业的这些需求也促进了企业文化的兴起。企业要想发展,就要制定合适的发展战略。发展战略包括企业在一定时期内的发展方向、发展规划、发展速度、发展能力等发展要素。制定发展战略可以快速地帮助企业确定发展方向和目标,找到企业的发展重点,明确在什么样的发展能力下可以实现发展目标,促使企业快速、健康、可持续发展,这也是企业战略的最终目的。由于企业的发展战略要实行,就要有与之匹配的企业文化来支持,于是在这样的需求中企业文化兴起。除了发展战略外,企业还会根据内外部环境的变化实行收缩战略或者稳定战略,这也需要有与之匹配的企业文化,企业文化在收缩或者稳定的需求中兴起,有什么样的需求就会兴起与之相对应的企业文化。

企业管理、企业发展、企业需求促进了企业文化的兴起,企业文化的兴起又反过来促进了企业管理、企业发展、企业需求,它们相辅相成,共同提高,共同进步。

第三节 企业文化的演变

企业文化是在不断演变中的,在企业生命周期的不同阶段,企业文化也是不同的。在企业的生命周期中,企业文化不断演变,以适应不同生命周期阶段的管理需求和特点。

一、企业生命周期与企业文化

(一)企业生命周期

1. 企业生命周期的主要内容

企业生命周期理论是美国管理学家伊查克·爱迪思(Ichak Adizes)于1989年提出的。企业生命周期理论主要研究企业不同发展阶段的特征及其存续的时间,反映出企业的发展历程,进而发现企业发展中存在的问题,找出解决问题的方法,促进企业快速健康发展。企业生命周期理论认为企业发展进程包括导入期、成长期、成熟期、衰退期等时期,每个时期都有自己的特点,都有自己的发展模式,掌握好每个时期的发展特点就能确定每个时期的发展模式,充分发挥每个阶段的优势,让企业更好地发展。

2. 企业生命周期各阶段的特征

（1）导入期的特征

①存在未被开发的市场，潜在的市场和需求被创业者发现，企业用自己所有的资源去开发产品或者服务，标志着企业已经进入导入期。

②在导入期企业的各方面都相对不完善，包括规章制度、经营策略、管理方式等。在这一时期，规章制度没有明确规定，经营策略也还不确定，管理方式主要是粗放的。总之，企业在所有的方面都在探索中，企业的创立者同时也是企业的管理者，没有明确的组织分工。

③把销售作为经营活动的重点内容。导入期的时候由于市场不确定，需求不确定，只有扩大销售才能在市场中占据主导地位，取得强大的竞争地位，所以在导入期企业会把销售作为经营活动的重点，采取各种方式，动用各种资源扩大销售，取得收益，解决资金不足的问题。

④由于导入期企业的规章制度还不健全，缺少组织层级，也没有很强的等级观念，管理者与员工之间的关系简单而亲密，员工和管理者一般会共同完成一件事情，合作融洽。

（2）成长期的特征

伴随着企业的不断发展，规模的不断壮大，其产品和服务已经在市场上拥有了一定的客户群。为适应企业业务拓展的需要，企业自身内部有了较为系统的职能权责划分，制定了各种规章制度，此时企业开始步入成长期。

进入成长期，不仅企业的资金、机器、设备、厂房等有形资源急剧增加，其技术、品牌、信誉、人才等无形资源也在迅速增长。企业在其产品和服务满足了部分市场需求的基础上，开始采取多元化发展策略，尝试向别的业务领域扩展。总之，企业在成长期既具备较强的发展活力，又储备了一定的技术和资源实力，经营业绩指标不断突破，发展速度比较快。

企业管理日益科学和规范。随着企业自身规模的壮大，依靠创业者个人能力来管理整个企业已经难以满足自身发展的需要，引入职业经理人和各类专业管理人员、建立各类规范完善的规章制度、扩大决策参与人数成为此时企业开展精细化和专业化管理的重要内容。

以顾客需求为重要导向。处于成长期的企业更加注重企业发展的长远利益，修正了在导入期单纯追求销售量的经营策略，更加重视增加客户的黏度，加强客户关系的维系和拓展，注重依靠研发新的产品或提供新的服务来满足不断变化的市场和顾客需求。

（3）成熟期的特征

处在成熟期的企业，其自身管理制度和组织架构能够充分发挥作用，企业的控制力和灵活性实现了平衡，销售业绩和盈利水平也都达到了历史最佳水平。

企业发展得到了制度化的保障。处在成熟期的企业所具备的企业制度十分规范和完善，制度化管理取代了领导者（管理者）的个人能力，成为企业的核心控制力，企业的一切经营管理活动都有规可依，自身发展得到了制度化保障。

坚持以销售和利润为导向。处于成熟期的企业，一方面不断扩大销售量以保护和巩固自身的市场份额和行业地位；另一方面加大挖潜力度，坚持低成本经营策略，运用各种方式和手段降低成本，实现利润最大化。

注重员工的培养与提升。处在成熟期的企业，为确保自身可持续发展，特别重视员工的教育培训和能力提升，不断优化员工的年龄结构、知识结构、专业结构，加强员工培养和考核。这成为此时企业人力资源部门工作的重要内容。

（4）衰退期的特征

当企业创新动力不足、思想日益保守造成企业盈利能力下降、市场份额缩减、客户流失严重，并成为制约企业健康可持续发展的重要原因时，表明企业开始进入衰退期。

墨守成规，对新技术缺乏敏感性。处于衰退期的企业在面对新技术的快速更新迭代时缺乏敏感性，由于企业内部运行机制上的缺陷和不足，加上员工安于现状、不思改进，导致进行技术更新和产品改造的动力不足，能力不够。

企业运行制度成本较高。在衰退期的企业虽然拥有较为完善的制度、成熟的治理体系和运行机制，但组织机构过于庞杂，管理层级较多，决策流程低效复杂，缺乏结果导向，工作效能较差。

对市场反应迟钝，执行力差。处在衰退期的企业往往沉迷于过往辉煌，迷信以前的成功经验，思想日益保守，对市场快速变化缺乏敏感性，相关市场调研工作开展较少，部门之间和各专业职能板块之间缺乏沟通协作意识，整个企业执行力较差。

（二）企业生命周期与企业文化的关系

企业文化贯穿于企业生命周期的所有阶段，通过直接或间接的方式对企业文化的行为层、制度层、物质层与精神层产生影响。行为层发挥引导性作用，制度层发挥规范性作用，物质层在企业发展中具有基础性作用，精神层具有本质性作用。探索研究企业文化和企业生命周期之间的关系，能够准确鉴别企业正在经历的生命周期阶段，快速调整企业文化并与之相匹配相适应，而企业文化就在企业生命周期的变化中演变，从而促进企业健康可持续发展。

二、不同阶段的企业文化

企业文化不是一成不变的，是在企业生命周期变动中不断演变的，在不同的生命周期阶段都要有与之匹配的企业文化。

（一）导入期的企业文化

在导入期，企业首先需要解决的是生存问题。由于企业还没有建立完善的规章制度，员工不能得到企业规章制度的约束，企业领导者的想法和领导力在导入期起着关键的作用，关系着企业是否能在导入期生存下去。导入期的企业文化相比其他阶段重要性较差，但是仍然起着不可替代的作用。导入期的企业文化是，企业领导者和员工在共同的目标和价值观的引导下，共同为了企业的生存而共同奋斗，员工之间互相帮助，互相鼓励，互相开导，企业领导者和员工都为了企业的发展精益求精，为企业进入成长期做准备。

导入期的企业文化引导着企业领导者和员工向着共同的目标迈进，引领企业领导者和员工树立共同的价值观。导入期的企业文化对于企业的生死存亡起着至关重要的作用，是企业领导者和员工都必须恪守的。

（二）成长期的企业文化

在成长期，企业的生存问题已经得到了解决，开始进入正轨，各方面的能力都逐渐增强，企业的生产规模逐渐扩大，销售能力也在逐渐增强，销售业绩也处于快速增长的阶段。成长期成为企业最好的发展时期，企业各方面的能力都可以用节节攀升来形容，成长期不仅是企业业务发展的大好时期，也是企业文化发展的大好时期。成长期的企业文化是，企业领导者和员工在企业快速发展的同时建立起适合企业发展的共同价值观，企业领导者和员工共同努力，扩大企业的规模，让企业在成长期占领市场更多份额。

成长期企业的核心目标就是扩大企业规模，增加企业销售利润，这个时期，企业往往倾向于开发新产品，以新产品满足顾客的需求，这个时期的企业文化要和企业的快速发展相适应，要成为企业的发展性文化。成长期的企业要不断开发新产品，才能满足顾客不断变化的需求，所以这就要求企业不断创新，把创新当成企业发展的原动力，企业文化也要向创新发展。成长期的组织结构是比较松散的，需要全员创新，所以企业要营造一个才利于企业创新宽松的环境。成长期的企业还要适当把权力下放，让更多的基层员工参与决策，营造民主的氛围。组织结构可以采用扁平型，最好不要采用高长型，这样做可以加快企业的反应速度，在市场或者顾客遇到问题时，可以快速准确地层层反映，快速做出决策。成长期的企业文化是创新的、宽松的、放权的。

（三）成熟期的企业文化

在成熟期阶段，企业的主营业务已经确定，不需要再像成长期那样总是一味地开发新产品了，在成熟期，企业的销售业绩比较稳定，也处于较高的水平，而且成熟期企业有固定的老客户和不断涌进来的新客户，不需要再大力开发客户了。企业的利润也越来越多，一切业务都走上了正轨，各项规章制度也在成熟期得到了完善，管理越来越到位，企业文化的建设也越来越有稳定的管理基础。成熟期的企业有一个最大的问题就是，如何让企业文化约束企业和员工的行为，让企业文化成为每一个员工信奉的价值观念。当出现问题时，除了企业制度外，员工还可以利用企业文化解决遇到的问题，约束自己的行为。成熟期阶段的企业文化是，企业上下保持一致，尽全力为顾客创造价值，保持企业自身的核心竞争力，同时注重小规模的创新，形成企业独有的经营之道，员工也要在企业中发挥自己的价值，多向比自己优秀的人学习，提高自己各方面的能力。

成熟期的企业兼具稳定性和灵活性，且二者已经达到了一定程度的平衡。在关注顾客需要和市场变化这些外部环境的同时，还要关注企业的内部事务和企业员工的需求，内外部环境都关注是每个企业都追求的内外平衡的前提。在成熟期阶段，企业要营造规范的工作环境，采用规范的工作方式和高效率的工作方法，企业领导者不必再完全着眼于具体的工作，要起好带头作用，并扮演好协调者的角色，协调好员工之间的关系，让员工在宽松快乐的氛围中完成工作。成熟期的企业需要明确的发展目标和发展战略，企业发展的同时也要培养员工的主动性，让员工主动在工作中实现自己的价值。另外，随着企业的发展和进步，企业领导者和员工还要加强学习，提高自身素质，为企业贡献力量，和企业共同进步。成熟期阶段的企业会出现衰退期的前兆，比如缺乏创新精神、员工缺乏工作热情等，所以要尽量提防这样的情况，使成熟期延长，使企业创造更高的价值。

（四）衰退期的企业文化

成熟期过后，企业会进入衰退期，进入衰退期的原因有很多，可能是市场竞争加剧，也可能是市场需求发生了变化，企业未能及时采取措施应对日益加剧的市场竞争和市场的变化，导致公司的业务变少、业绩大幅度降低、利润也大幅度下降，企业就难以生存下去，从而进入衰退期。和导入期一样，衰退期的企业关心的也是生存问题，能生存下去的企业会在衰退期再赢得一部分利润，生存不下去的企业，就会退出历史舞台。衰退期的企业经营状况不佳，员工有可能不能像成熟期那样劲往一处使，可能会人心涣散，跳槽到其他的企业去工作，成熟期阶段认可的企业文化在衰退期可能也会不复存在，企业业绩好的时候，员工共同认可的信念会得到有效的贯彻，但是在衰退期，如果员工共同认可的信念不能得到更加有效的贯彻，企业文化也会和企业一样处于衰退状态。在经营实践方面，很多进入衰退期的企业在做的事情是大量筹集资金、更新生产设备、继续开拓市场、处理卖不出去的存货，有的企业也会通过裁员的方式减轻企业的负担，此时已经无暇并无心顾及企业文化的建设。这些也是可以理解的，毕竟此时企业的生死存亡才是大事，一味地建设企业文化也不能解决企业的生死存亡大事。而被很多企业忽略的企业文化正是能救活企业的"救命稻草"，有些人不理解为什么虚无缥缈的企业文化能救企业于水火之中，其实其中的缘由也很简单，在企业经营状况特别不好的情况下，前述的资金、设备、市场固然重要，但是如果员工人心涣散了，衰亡的速度只会更快。因此，衰退期的企业文化是，企业领导者应当秉承成熟期员工认可的共同观念和精神，继续让员工贯彻这些观念和精神，增强员工的向心力和凝聚力，让员工和企业领导人一起渡过难关，这样才有机会突破衰退期，找到新的突破点，让企业重新开始盈利。衰退期的企业文化是可以让企业蜕变成蝶的文化，也就是我们所说的权变式文化，这种权变式企业文化注重内部系统之间的相互联系和建立跨部门联系，以对外部环境做出快速的反应，使部门及个人目标的最大化。

企业文化从导入期的互相帮助、实现共同目标到成长期的建立共同价值观、实现企业占有份额到成熟期的企业上下保持一致、为顾客服务再到衰退期的权变式文化，一步步根据企业生命周期演变，企业文化演变的过程也就是企业生命周期发展的过程，如此循环，推动着企业的发展。

第四节　企业文化的意义

企业文化的兴起和发展具有重大的意义，不论是对于企业来说，还是对于我国经济的发展来说都是不可替代的。

一、企业文化是管理史上的一次重大变革

企业文化的兴起源于企业管理，企业文化的兴起可以看成管理史上的一次重大变革，是现代企业发展的一种新方向，给企业发展和管理带来了深远的影响。

（一）企业文化开启了新的管理模式

人是非理性的动物，人之所以"非理性"，是因为人总是带有感情色彩，这就是人的特色所在，正是因为人带有感情色彩，所以对于一些事物，人不能客观地看待，有时候会存在偏见和个人感情，所以市场是"非理性"的，人不能通过理性判断理解市场的所有方面。比如，企业要进入某个市场，还想敏锐地觉察到市场的变化情况，仅靠理性的分析是不够的，理性的分析包括市场调查、进入市场的严密计划、了解其他企业的市场情况等，最有效的方法是生产出产品并投放到市场中，让顾客体验和评价，顾客接受就可以进入市场，顾客不接受就不进入市场，这时的产品还需要一定的改进。所以，企业应该建立自己的企业文化，依靠企业文化让企业成为一个强有力的组织，依靠企业文化让企业凝聚起来，依靠企业文化慰藉员工和顾客。企业文化具有一种强大的力量，突破了传统的理性的管理模式，营造了一种非理性的管理模式，开启了新的管理模式，使人们能在很小的社会空间内感受到大环境的温暖，找回缺失的整体感。

（二）企业文化开启了文化竞争时代

从 20 世纪 80 年代开始，人们意识到企业的竞争不仅仅是资金、技术等硬件的竞争，更是文化这种软实力的竞争，企业管理也不仅是一门学说，更是一种文化，企业文化的兴起开启了文化竞争时代，文化的竞争才是最有灵魂的竞争。

日本的管理模式就深刻体现了"企业管理是一门文化"这一观点，日本企业把培养员工正确的道德观和价值观作为管理的首要目标，而且日本企业重视群体的素质提高，而不是单个人的素质提高，以群体的素质提高去推动企业的快速发展。日本企业将管理融于文化，将文化融于管理，文化是管理的精髓，管理是文化的外在体现。日本企业给了很多国家以启示，让很多企业意识到文化才是管理的灵魂，企业之间的竞争是企业文化的竞争，企业也进入了文化竞争时代，没有文化支持的企业，是没有明天的企业，同样，没有文化支持的经济，也是没有明天的经济。

二、企业文化是企业在市场竞争中取胜的法宝

企业要想在市场竞争中取胜,企业文化绝对是取胜的法宝,没有企业文化,无法在激烈的市场竞争中立于不败之地。

(一)企业文化有利于树立企业形象

企业文化可以帮助企业树立企业形象,企业文化的一部分内容就是企业形象,企业形象可以提高企业在顾客心中的地位,良好的企业形象可以给企业带来巨大的经济利益和高尚的社会形象。企业形象是企业一笔不小的财富,它的重要性不言而喻。可以这么说,企业形象在某种程度上决定着企业的生死存亡,企业生产的产品质量、员工对顾客的服务态度、员工的工作态度等每个细节都影响着企业形象,企业形象关系到一个企业是否在市场上有立足之地,良好的企业形象可以帮助企业快速占领市场。既然企业形象这么重要,我们每一个企业都要树立良好的企业形象,树立企业形象的前提就是塑造企业文化,良好的企业文化有助于企业树立良好的企业形象,从而使企业在激烈的市场竞争中立足。

(二)企业文化有利于提高企业各方面素质

企业文化可以提高企业各方面的素质。一个企业要想在激烈的市场竞争中生存,需要各方面的素质,而企业文化就可以帮助企业提高这些素质,可见企业文化的重要性。市场是在竞争中发展的,良性竞争可以促进市场的健康发展,这种良性竞争是企业各方面素质的竞争,包括技术竞争、人才竞争、资源竞争等,任何一方面落后,就无法在竞争中取胜。所以,只有提高各方面的素质,才能推动企业快速发展。建设企业文化必然会促进企业各方面素质的提高,让企业在激烈的竞争中获胜。

(三)企业文化有利于培养员工的集体意识

集体意识是指个人在集体工作中,以集体的利益为先。企业是竞争的主体,个人是企业中的一部分,每个员工有了集体意识,企业才能在竞争中取胜。那么如何培养员工的集体意识呢?企业文化可以帮助员工培养集体意识。在建设企业文化过程中,可以培养员工正确的人生观和价值观,在这些观念中必然有以集体为先的观念,经过企业文化建设员工的集体意识也就被培养起来了。

企业文化能够使员工改变自私自利的观念。例如,员工原来只顾个人,做事从个人角度出发,但是通过企业文化的建设,员工可以建立以集体为先的观念,并把自己当成企业中的一员,与企业同呼吸、共进退,遵守企业的规章制度,为

企业的发展贡献自己的力量，完成企业交给的任务，而这也在无形中培养了员工的集体意识。集体意识是员工的黏合剂，把员工都黏合在一起，增强企业的核心竞争力。

（四）企业文化有利于营造和谐的企业环境

企业是国民经济体系中的一个细胞，它的生存和发展是由其所处的外部环境和内部环境决定的。现代企业对环境的追求已成为企业文化建设的一个重要目标。建立良好的企业文化，会使企业员工群体拥有共同的价值观念、理想信念、利益和目标，使企业员工之间彼此理解、互相依赖、心情愉快、和谐共事，从而形成一种精神宽松、行动一致、士气高昂的气氛和环境。这样的文化氛围，能最大限度地调动广大员工的积极性、主动性和创造性，实现企业科学决策与民主管理的有效结合，使企业充满生机。

三、企业文化是国际市场竞争的刚需

（一）国际市场竞争要重视"文化力"的发展

在国际市场竞争中，文化的作用不容忽视，"文化力"的作用也不容忽视。"文化力"指教育和科技，教育和科技在经济发展中的作用日益重要，是经济发展中与智力相关的因素。邓小平在谈到国际竞争时也强调了教育和科技的重大作用，他说我们国家发展的快慢取决于教育的力量和科技的力量，劳动者的素质越来越重要，知识分子的质量和数量起着决定性作用，我国是人口大国，只有把教育搞上去了，才能提高人民的素质，人力资源的优势自然就体现出来了，"文化力"的作用也就体现出来了，我们伟大的社会主义现代化目标更容易实现。

国内的经济一直在发展，文化在经济发展中的作用越来越明显；企业一直在进步，企业文化在企业发展中的作用也越来越重要。越来越多的人认识到文化的巨大作用，很多人现在买东西注重商品的文化价值，认为只有具有了文化价值，才能实现经济价值，可见现在文化在人们心中的地位有多重要。我国很多企业也认识到了人们注重文化价值这一点，在设计商品的时候增加了商品的文化价值，让商品更具审美性质，所以它们的商品在国际市场上能占据一定的地位，这就是"文化力"的作用，在国际市场竞争中要重视"文化力"的作用，这样才能在国际市场竞争中取胜。

（二）国际市场竞争要继承和发扬优秀传统文化

中华民族的优秀传统文化是我国文化的瑰宝，是我国文化的基石，是我国文化的积淀，国际市场竞争中要继承和发扬我们中华民族的优秀传统文化，很多企业也意识到了这一点，在向国外销售商品的时候注入了中华民族传统文化的因素。中华民族的优秀传统文化可以提高企业的文化品位，可以加深企业的文化积淀，可以促进企业的发展，所以企业一定不能忘本，不论是在国内市场，还是在国外市场，都要以中华民族的传统文化为根基，继承和发扬优秀传统文化，只有这样才能在竞争中获胜，当然，企业要把中华民族传统文化与现代经济发展相结合，使传统优秀文化现代化，让企业壮大，让国家富强。

综上所述，企业文化的意义非常重大，它是管理史上的一次重大变革，它是企业在市场竞争中取胜的法宝，它是国际市场竞争的刚需，所以，每个企业都要重视企业文化，都要建设企业文化，让企业文化发挥应有的作用。

第五节　企业创新

一、企业创新概述

（一）企业创新的时代背景

企业创新是具备一定的时代背景的，任何新事物都在一定的时代背景中产生。工业革命推动了生产力的发展，蒸汽机的发明推动了工业经济的发展……企业创新也有一定的时代背景，在世界经济快速发展的今天，企业创新是必然的趋势。企业创新最基本的时代背景是世界经济进入了知识经济时代。

1. 知识经济时代

人类进入 21 世纪，也进入了一个全新时代。在这一时代，知识成了推动人类发展的第一要素，是人类最宝贵的资源，管理的核心就是对知识的管理。知识经济时代包含以下几方面的内容。

（1）知识经济是新经济

知识经济是建立在知识与信息的生产、分配和使用上的经济，其中知识分为四大形态：事实知识、原理知识、技能知识、人际知识。

知识经济是依靠知识进行创造性思维和科研从而创造财富的经济；是以新发现、发明、研究和创新为依托的知识密集型和智慧型的经济形态，促使人们把注意力集中在信息、技术、学习上。

（2）知识经济的新能源

知识经济突破了自然资源的限制，生产主要以高技术产业为支柱，知识代替了资本和自然资源成为经济发展的决定因素，属于智力资源型经济。

（3）知识经济的新体制

知识经济中各种经济形式并存，国有、民营、私营、合资、独资、跨国公司等。经济全球化突破了地域、时间、空间的限制，市场经济体制在更大范围内运行。

（4）知识经济的新模式

知识经济突破了世界性贸易壁垒，突破了物流知识封锁，突破了金融的非市场管理，市场容量和规模达到前所未有的水平。企业间的关系、竞争或联合方式以及市场结构发生变化，同时，由于数字化、网络化、智能化经济形势的到来，供需双方的关系、交易的手段、渠道都发生了变革，网上交易将成为企业往来的主要手段。

2. 知识经济依靠的基础

（1）传统经济时代

传统经济时代，取决于劳动力资源，资本的占有及配置取决于资本、资源、劳动力。

（2）知识经济时代

资本的占有及配置取决于知识、信息、管理。知识经济依靠的基础是知识，知识是重要的生产要素，是重要的生产资源，也是最重要的生产力。

知识本身就是产品，知识被物化后，出现了各种类型的软件、音乐光盘、激光唱片、影视录像等。

3. 知识经济时代的特征

（1）知识代替了资本和自然资源，成为经济发展的决定性因素

在农耕经济社会，人们的休养生息都是与土地联系在一起的，土地是财富的体现，也是力量的象征，因此，土地是最为重要的资本。而在工业经济社会中财富发生了转移，工作母机以及工业原材料已成为最关键的资本形态。人们对财富的向往已表现在工厂、矿山、铁路和水力运输设备等方面，到了知识经济社会，以高技术为表现形态的新的生产力为现代社会带来了更高价值的新分配准则，引起人们的更大关注。

靠品牌和软盘及软盘中的知识，微软公司的资产每周增长4亿美元，超过美国三大汽车公司市场资本总值。微软公司每年推出新的软件产品，而新产品的推

出带来的巨大的利润。微软没有巨大的厂房、没有富度的矿山，更没有广阔的土地资本，而它拥有的是一些大量的超常智力资本。这是一种资本形态的转移，财富的转移。

（2）经济形态由加工转向服务

传统的钢铁工业、汽车工业、石油工业、橡胶工业运用高科技进行改造，服务活动在制造企业中约占投入成本的60%。

电子技术的发展和全球网络化水平的提高促进了服务业的发展。数万千米的光缆把海洋和大陆联系起来，网络在一天24小时无休止地传递着各国企业的商业合同、咨询信息、现金交易、教育资源、医疗服务等，瞬息之间上百万条信息就可以跨过国界、区域、海洋，甚至打破数千年形成的文化界限。

由于有了半导体芯片和光缆，任何一种可以数字化的服务都可以在世界上几乎所有地方在几秒钟内实现，而且服务的成本也在急剧下降。

（3）知识既是生产要素，又是消费本身

知识作为最重要的生产要素，具有不同于资本和劳动力的特征，它既是生产要素，又是一种消费方式。

一个典型的例子是卡拉OK的兴盛。当它的发明人装配出第一台卡拉OK机时，可能也不曾想到日后会有如此巨大的市场。随着其他新的电子娱乐形式不断出现，运用知识和智慧生产知识产品成了现代社会最热门的事情。

从虚拟现实技术的发展看，世界各个国家有将其用在新的娱乐产业的趋势，可以预言，如同数年前电子游戏和电子书刊的冲击一样，高知识含量的信息消费方兴未艾。

（4）学习成为知识经济社会生存的先决条件

知识经济的发展最终取决于人的素质。在知识经济社会里，更多的工作需要劳动者具有良好的科学文化素养、坚实的专业技术知识和勇于开拓的创新能力，即使是普通岗位上的劳动者也应如此。在知识爆炸的时代里，世界经济形势瞬息万变，新的产品不断涌现，变化是时代的主题，而要适应这个环境，就必须不断地掌握新的知识，没有知识的更新在现代化社会人将难以生存。

由于知识和学习是很重要的，因此，知识经济社会中教育是排在首位的。教育和知识创新将会成为"基础产业"。曾有人做过调查，整个17世纪仅有600人进了哈佛大学。但在1840—1970年的130年间，美国人口增加了16倍，而上大学的人数增加了416倍。1990年中期，美国已拥有4000所政府承认的大学和学院。这种趋势已经非常明显，具备大量知识的高智力劳动者将是社会中最需要的。美国现在拥有的产品70%在20年前没有，50%的产品10年前没有，25%的产品5年前没有。这说明高智力的劳动者是创造世界财富的中坚力量。学习将成为人们生存的第一需要。

教育是一个社会必不可少的，终身学习将是人们生存与发展的永恒主题。在知识经济社会里，知识创新凭借先进信息技术之威力，呈几何级数增长；人们需要终身不断学习新知识，了解新情况，适应新环境，这样才能生存和发展。

（二）企业创新的内涵

创新是企业发展的内动力，可以增强企业的竞争力、帮助企业实现目标，创新的内涵主要包括以下几个方面。

1. 管理方面的创新

管理创新是企业创新的重要方面，在内外部经营环境不断变化的今天，企业必须把管理创新作为企业创新的重点，将创新贯穿于企业管理的各个过程，时刻把管理创新当作企业创新的任务。管理创新也需要创新的环境，企业领导者要为员工营造创新的环境，推动全员创新，为企业员工的创新搭建一个平台，让每个员工都可以成为企业的创新者，这样企业领导者和企业员工都创新，那么管理创新就更容易实现了。现在社会的竞争日益激烈，很多企业可能在激烈的竞争中倒下，很多情况下就是因为这些企业缺少创新，缺少独特的经营模式和企业文化，那些在市场中屹立不倒的企业，都是注重创新的企业，它们不墨守成规、不因循守旧，总是把管理创新作为首要任务，并且认为创新可以让它们在激烈的竞争中立于不败之地，可以让它们可持续发展，还可以让它们成为百年老企业。时代在变，市场在变，要想在变化中求得生存，就必须进行创新，只有创新才能发展。

管理创新可谓企业创新的灵魂所在，管理创新可以让企业摒弃老思想，接受新思想，革除一些影响企业发展的陋习，建立新的管理制度，以新的管理思路管理企业。新的管理制度和新的管理思路可以让企业取得更好的经济效益，可以让企业招到更符合企业发展要求的人才，可以让企业的发展更加持久。管理要创新首先要改变传统的管理模式。传统的管理模式下，员工拿着死工资，干多干少得到的工资都是一样的，造就了很多员工懈怠的工作状态和不思进取的工作思想，这种管理方式首先要摒弃掉，才能开始新的管理模式，新的管理模式实行多劳多得的工资制度，充分调动员工的积极性和主动性，激发他们的创新意识，使为企业创新的员工可以得到企业额外的奖励，这样每个员工的积极性和创造性就激发出来了，更利于员工和企业的发展。再者，企业可以要求员工时刻注意自身形象，因为员工的个人形象也代表着企业的形象，维护企业的形象是每个员工义不容辞的责任；企业还可以要求每个员工树立成本意识，从各方面为企业节省成本，让他们认识到企业成本节约不只是企业领导者的事情，还是每个员工的事情；企业还可以要求员工树立质量至上的意识，企业之所以能存在其根本原因是质量，商品的质量合格就可以走进顾客的心里，那么这个企业就是成功的，质量不只是质量管理部门应该关注的，也是每个员工需要关注的，质量包括产品质量和服务质量，只有每个员工都把质量当作自己的责任，就不会在任何一个环节出现质量问题，这个企业就会走得更久远。

管理创新主要包括四方面的内容——知识创新、技术创新、组织创新和制度创新，下面简单介绍这四个方面。

（1）知识创新

知识就是力量，所有事物的发展都离不开知识，同理，知识创新也是创新中最重要的方面，也是管理创新中最重要的方面。知识创新就是指通过某种科学研究，包括基础研究和应用研究，从而获得新的知识的过程。知识创新是其他创新的基础，也是最难的一种创新，因为新知识的获取是需要一定的时间和实验的，如果缺少科学研究，就不能获得知识创新。知识创新不仅包含获取新知识，还包含获取新发现和新方法等。

知识创新是经济发展的动力，也是社会进步的动力，还是企业存在的动力。有了知识创新，人们可以更好地认识和改造世界；有了知识创新，社会可以进步得更快；有了知识创新，企业可以发展得更长久。所以说，知识创新是创新的基础，有了基础创新，才能有管理创新，才能有其他的创新。

我国历史上就有很多知识创新，比如我国古代的四大发明——火药、指南针、造纸、印刷术，就是很典型的四次知识创新。这些新知识适用于当时的具体实践，可以说是时代的产物。四大发明促进了经济的发展，推动了社会的进步，是古代的伟大的知识创新，即使在当今社会，这四大发明仍然具有强大的影响力，可见知识创新有多大的影响。

另外一个例子是就是牛顿定律，牛顿定律认为，任何两个物体之间是具有相互吸引力的，物体越大，引力越大；物体越小，引力越小。吸引力就是当时最伟大的知识创新之一，人们把这个知识创新应用到实践中，又发明了很多东西。再如瓦特发明了蒸汽机，引发了技术创新，节约了燃料。人们将蒸汽机用在火车上，促进了陆路运输的发展；将蒸汽机用在轮船上，促进了水运运输的发展；用在纺织上，促进了纺织事业的发展；用在冶金上，促进了冶金事业的发展。虽然促进这些方面发展的是蒸汽机，但是最根本的是知识创新推动了技术创新，蒸汽机的发明，标志着人类社会已经由农业社会向工业社会发展了。知识创新具有强大的力量，切实推进了人类社会的进步。

知识创新也可以用于战争中，第二次世界大战结束以后，苏联运回了大批军工设备和物资，美国则将不计其数的科学家、工程师和专家带回，这些军工设备和物资及科学家、工程师等都是知识创新的结果，有了知识创新，就会有技术创新，国家就不愁发展了，如果再有战争，美国可以在很大程度上以实力取胜，因为他拥有这么多的专家，专家可以研究最新的知识，可以进行知识创新，有了知识创新，就可以研究更有力的武器，进行技术创新。

人才是知识创新中很重要的一个方面，有了人才才能掌握知识，才能对知识进行创新，才能运用知识进行技术创新，进而改变世界，改变人们的生活。所以说，知识创新是推动时代进步的基础力量，任何国家和企业都要重视知识创新。

（2）技术创新

众所周知，每一次的技术创新都会引发社会的变化，带来一次新的革命。从农业经济时代到工业经济时代，再到知识经济时代，都是这样的，只不过，知识经济时代的创新不同于农业经济时代和工业经济时代的技术创新，知识经济时代的技术创新是以高新技术为基础的。高新技术属于知识密集型的技术，像生命科学技术、新能源技术等都属于高新技术，这些高新技术终将为人们的生活带来质的飞跃，也终将为社会的发展带来一次伟大的革命。高新技术作为生产力的时代是高效的时代，高新技术作为生产力的时代是快速发展的时代，高新技术作为生产力的时代是改变人类生活方式的时代。

在竞争激烈的21世纪，谁拥有了高新技术，谁就具有了竞争的主动权，就能在竞争中取胜，当今的汽车行业、手机行业，都是如此，哪个企业拥有高新技术，哪个企业就能在市场中占据主导地位。当然，技术创新的基础是知识创新，只有把创新的知识运用到实践中才能产生技术创新，才能改善人们的生活，提高经济发展水平。

（3）组织创新

除了知识创新和技术创新外，组织创新也是企业创新中很重要的方面。组织创新就是重新配置管理要素，开展新的管理模式，让企业获得更多的利润和效益。管理要素包括我们管理中经常涉及的人力、财力、时间、信息等，组织创新就是将这些资源根据一种新的组织结构和模式重新进行优化配置，达到资源的最优配置，这样在管理过程中就能让企业获得更多的效益。企业组织创新有很多种方式，企业没有必要局限于某种组织创新方式，可以利用一种方式进行组织创新，也可以利用多种方式进行组织创新，方式不受局限，只要适合自己企业的就是最好的。组织创新的目的就是根据企业的需要，建立一种符合企业自身需要的组织制度，让员工的职责更分明有序，让企业的管理更科学有效。企业的组织创新是根据企业当前的需要进行的，但是企业创新也不能只停留在当下，还要考虑后续发展，企业的组织创新也要适应企业的后续发展，要学会未雨绸缪，对企业未来的发展、企业未来可能遇到的问题、企业在经营范围上是否会发生改变等进行分析。企业在组织创新的过程中要不断配置各种生产要素，加强企业的管理，同时还要培养员工共同的价值观，只有员工拥有了共同的价值观，才能在组织创新的时候服从企业的管理，完成企业交给的各项任务，这样企业的发展才会水到渠成。

（4）制度创新

制度创新是企业创新的根本保证，那何为制度创新呢？制度创新就是将知识创新、技术创新、组织创新制度化、规范化。制度创新具有一定的引导作用，可以引导知识创新、技术创新和组织创新。制度创新在企业创新中占据着最高的位置，是企业实现创新的基本保障。一种制度的设立可以帮助企业更好地进行管理，所以企业要想发展，要想创新，就必须要进行制度创新，制度创新的目的是协调企业领导者和员工之间的权、责、利关系，使企业的管理效率更高。"没有规矩，不成方圆"，在企业创新上也是如此，企业创新必须有一定的规章制度。企业有了创新的环境，企业的员工可以全员参与创新，但是如果员工的创新没有一定的奖惩制度，员工都不知道有了新的想法该向谁去汇报，这样缺乏创新制度是不可取的。只有建立一种更好的管理制度，企业的创新活动才能更好地进行。

知识创新、技术创新造就了新的生产力，新的生产力就要有与其相适应的制度。如果只是生产力发展，而制度不进行调整，那么生产力的发展也不会长久，所以在知识创新、技术创新、组织创新之后要进行制度创新，这样才能和发展的生产力相适应。制度创新不仅包括市场经济体制的创新，也包括外部环境经济体制的创新，还包括企业内部环境经济体制的创新，所以制度创新的范围还是比较宽广的。制度创新对企业的创新起着至关重要的作用，没有制度创新，企业就无法实现企业创新。制度创新是企业创新的根本，依靠制度创新企业可以建立适合企业发展的制度，也可以促进企业可持续发展。

知识创新、技术创新、组织创新、制度创新必须有机地结合起来，才能实现企业的创新，实现了企业创新，企业就可以发展，就可以在激烈的竞争中立于不败之地，在不断创新中，企业才能存在更长时间。

2. 生产力方面的创新

生产力是企业发展的第一动力，低生产力会降低企业的生产效率，而高生产力可以提高企业的生产效率。所以企业要进行生产力方面的创新，这样才能提高企业生产的效率，节约企业生产的时间，让企业赢在效率中。生产力创新就是采用先进的技术生产出先进的产品。生产力方面的创新包括提高劳动者的劳动技能、提高机器的运行效率等。

生产力方面的创新还包括产品创新，产品创新的范围也是比较广泛的，不仅包括产品最初的原理创新，而且包括产品的工艺创新，还包括产品的外观创新、功能创新等，产品任何一个细节的创新都属于产品创新。企业最终展现的就是产品，产品体现了企业在生产力方面是如何创新的。产品创新能力体现了一个企业的综合能力，机器的生产水平、工人的工作能力、管理者的管理能力都体现在产品上，所以说产品创新能力是企业综合能力的体现，不仅如此，企业最终的产品还体现了企业在市场上的竞争能力。企业要想在当今激烈的市场竞争中取胜，就必须依靠质量上乘和被顾客认可的产品，如果一个企业的产品质量差，顾客不买单，那么这个企业如何在激烈的市场竞争中站稳脚跟呢？无疑这样企业是没有办法发展的，只能为社会所淘汰。企业要想在市场竞争中取胜，就要时刻保持产品的创新。这一点在手机行业体现得最为明显，哪个品牌的手机每年都会推出新型号的手机，哪个品牌不推出新型号的手机，这个品牌的手机就可能就会在手机市场中消失。这是为什么呢？因为一个型号的手机无法满足不同顾客的需求，只有不断推陈出新，才能让顾客满意，企业才能在手机的竞争市场上立于不败之地。

现今企业之间的竞争体现为产品或者服务之间的较量，能生产出符合市场需求的产品或者提供符合市场需求的服务是企业生存下去的关键。前面我们提到产品的生命周期，任何产品都有导入期、成长期、成熟期和衰退期之分，当产品进入衰退期的时候就是该推出新产品的时候，这时候企业已经积累了大量的客户，推出新产品的话会抓住这部分客户，基于企业前期积累的形象和信誉，推出的新产品也比较容易被顾客认可，如果企业错过了这个时间，依然在老产品上花费时间和精力，客户已经不买单了，企业就无法再创造更多的利润，所以推出新产品也要抓住适当的时机。企业要有生产和推出新产品的计划，做到产品有规划，销售有目标，才能保证自己处于最佳的竞争状态，在老产品进入衰退期的时候可以有新产品的加持，企业的效益就会一直保持在高位。在推出新产品的时候，要注意新产品的工艺、外观或者功能要优于老产品，如果和老产品相似，那就没有推出新产品的必要了，新产品的价格比老产品高，但是各方面基本上没有变化的话，那么新产品就是失败的，没有顾客会买单。新产品的研发是企业占领市场的关键，进行新产品研发既开发了市场，又开发了客户，是让企业在市场立于不败之地的法宝。

现在我们国家也是支持新产品研究与开发的，在新产品研究和开发方面都有税收优惠。开发新产品是企业发展的动力，也是企业技术进步的动力，企业会根据需求更换设备，提高工人的劳动生产率，哪个环节出现问题都会影响企业的创新效果。创新活动是多方面的，需要很多人的合作，这样才能实现企业创新的目标。

3.生产关系方面的创新

有了生产力方面的创新，就要有生产关系方面的创新，生产力和生产关系是对应的，生产关系方面的创新主要包括与生产力适应的生产关系的创新，其中比较典型的是企业形象创新。

企业形象对于企业来说是很重要的，是企业无形的财富，企业形象还是企业文化的重要组成部分。企业形象创新关系到企业在顾客心中的地位，对于企业战略的实施也具有重要的作用。企业形象是企业特有的，展示的是企业的特点和特色，企业形象好的话会给企业带来经济效益，也会让企业提高知名度。

（三）企业创新的特点

1.创造性

企业创新具有创造性的特点。创新就是一种创造，创新就是要突破，而且创造性的想法要运用到实践中，创新的创造性表现即开发了新产品、采用了新工艺，顾客可以在新产品中体验到新产品带来的便利，工人可以在新工艺中体验到新工艺带来的便利。创造性的根本特点是不走寻常路，勇于将新知识、新技能运用到实践中去，创造性要"知其然，又要知其所以然"，还要知道创造出来的东西有什么用，创造性是要创造对社会有用的东西，而不是创造违背伦理道德的东西，比如克隆人。

2.独特性

企业创新具有独特性的特点。创新的根本就是独特性，创新就是要与大众的或者普通的不同，与众不同是创新的精髓所在，所以创新就要有自己的独特之处，要么是材料创新，要么是功能创新，要么是外观创新，要么是方法创新，总之要有独特的地方，这样才能称之为创新。

3. 普遍性

创新具有普遍性的特点。创新在任何一个行业内都可能存在，在一个行业中，不是缺乏可以创新的东西，而是人们缺乏发现创新的眼睛和发现创新的思想，所以说创新没有行业的局限性，在所有行业都是普遍存在的，就是在高新技术产业存在的相对更广泛而已。

4. 超前性

创新具有超前性的特点。创新是领先的知识创造，它是超越过去和现在的，在过去和现在经验的基础上进行创新，比如企业创新中，企业可以对产品的外观和功能进行创新，新的外观和功能是过去没有的，企业只有洞悉顾客新的需求，才能进行创新，具有一定的超前性。

5. 风险性

企业创新具有风险性的特点。要想创新成功，风险性是一定存在的，任何新事物、新实践都是有风险的。创新是一个过程，包含很多个环节，每个环节都会有不确定性，这些不确定性决定了创新的风险性所在。一个企业的创新不是凭空想象的，而是需要很多投入的，技术的不确定性、市场的不确定性、政策的不确定性等都增加了创新的风险，所以企业创新要做好失败的准备，创新成功了固然可以给企业带来新的效益，失败了也不要气馁，要在合适的契机中寻找另外一个创新机会。通过熊彼特的创新理论基本观点我们知道，创新就是"创造性破坏"，只有创新，才能取得一定的成就。

6. 高收益性

企业创新具有高收益的特点。"高风险，高收益"，这是人们都熟知的道理，创新也是一样，创新具有高风险，但它的收益也是很高的，虽然创新不容易成功，成功率和墨守成规比起来算是低的，但是如果创新成功了，就可以带来比墨守成规更高的收益，这就是创新的魅力所在。很多企业家都热衷于创新，就是创新可以给企业带来意想不到的收益。

7. 适用性

企业创新具有适用性的特点。企业创新不是为了建立空中楼阁，而是为了适应企业的发展，只有能促进企业发展的创新才是真正意义上的创新，企业的创新应该适用于企业，有企业自己的特色，而不是一味地模仿其他企业，对自身企业没用的创新也是无价值的创新。创新并不是越新对企业越有利，对于企业来说，能给企业带来高收益的创新才是有用的创新，创新能为企业解决问题，能为企业创造收益，能让企业在竞争中取胜。

（四）企业创新的意义

当今市场的竞争日益激烈，企业之间的竞争不只是硬件之间的竞争，固定资产、无形资产、投资性房地产固然重要，软件也很重要，软件主要包含的就是企业的人力资源和创新水平。创新型人才现在是企业竞争的关键所在，有了创新型人才，企业就可以进行知识创新、技术创新、组织创新、制度创新，进而在激烈的市场竞争中立于不败之地，企业创新对于企业来说有深远的意义。

很多企业在取得一定的成功之后，就满足于原来的成功方式，不敢或者懒于进行创新，认为原来的成功方式可以让企业永远在市场竞争中取胜，这种想法和做法是错误的。企业的成功模式可以让企业取得一时的成功，但是外部环境是处于不断变化之中的，外部的环境改变了，但是企业的经营方式没有改变，那么企业就不能一直取得成功，反而会因为不创新而失败，像红极一时的诺基亚，因为没有创新，从一个特别成功的企业变成了一个退出历史舞台的企业。

我国的经济一直在稳定增长，我国的市场也呈现出了一些新的特征，供给增长过快，需求萎靡不振，由原来的供给制约经济发展变成了以需求为导向的经济。我国出口创汇主要依靠劳动密集型产品，而劳动密集型产品在国际市场上很难显示优势，它们大多技术雷同，工艺简单，设备单一，一学就会，竞争优势不明显，凡是有资源的地方都可以生产，因此，重复建设难以避免，使得市场竞争加剧，而低水平的发展建设将导致严重的生产过剩，只有资源优势没有技术优势，企业难以发展下去。因此，企业创新具有十分重要的意义。

1. 创新是企业改善市场环境的重要手段

通过产品创新，企业能够加速新技术、新材料在产品生产中的应用，提高产品质量，使产品功能更好地满足消费者的需要，使企业产品的竞争力提高，改变用户对企业的看法，从而改善现有市场。当企业技术创新成果是适销对路的新产品时，它会给企业带来新的用户，形成新的市场，使企业在新市场中有更多的选择机会。同时，不断创新而获得成功的企业比别人领先进入新的市场领域，竞争优势更大，在很大程度上可以决定产品价格、市场规模等。

2. 创新是企业全方位提高素质的有效方式

通过技术创新，可以改善研制条件，增强研究水平，提高人员素质和企业内部结构素质，并且改善企业行为素质，加强对外部环境变化的适应能力。创新可以提高企业各方面的素质，在创新中，企业的凝聚力更强，企业领导层的领导力也更强，员工的执行力也更强，在创新中企业还可以更全方位地了解市场。

3. 创新能降低企业产品成本

通过技术创新，企业能加速新技术在企业的应用，改进产品或工程设计，开发和扩展新工艺、新技术，改进和更新服务，减少原材料消耗，缩短生产周期，用较少时间和劳动力生产更多的产品。

4. 创新是提高企业竞争力的根本途径

企业要发展就必须提高市场占有率，只有通过产品创新，才能占有市场；只有通过市场营销，才能在市场上赢得消费者，从而占领市场，成为竞争的优胜者。

5. 创新可以利用企业剩余生产能力

目前市场上供大于求，不少企业生产能力过剩，企业资源利用率较低。因此，企业要结合实际，深入了解市场，积极进行市场创新和技术创新，充分利用现有的过剩的生产能力，生产用户需要的新产品，提高企业的经济效益。

6. 创新是企业生存与发展的基础

提起创新，人们首先想到的是新近面市的产品、刚刚发布的技术突破，想到的是实验室里埋头钻研的科学家、公司里面特立独行的研发部门等。但是，创新不仅仅包括直接面向市场的技术创新、产品创新和服务创新，还包括工作当中的管理创新、组织创新、制度创新、观念创新和战略创新等。工作实践中的创新与直接为企业带来利润的创新一样重要，而且很多时候，正是内部组织和管理中的创新为更为显性的产品和技术创新等创造了良好的生存环境。只有以这样一种视角来界定创新，才能发现创新在企业中无处不在，而不是仅仅局限于研发部门和实验室。从另一个角度看，仅靠组织中的研发部门是不能产生创新的，因为即使是产品创新也是一个协作生产的过程，必须依靠其他部门的配合，必须发扬大量员工的创新精神。因此，为了能真正促进创新，打牢企业生存和发展的基础，企业必须以普遍联系和普遍存在的观点来审视创新，并使整个组织、全体员工在这一点上达成共识。

二、企业创新理论发展

（一）企业创新理论的提出

践行企业创新是企业家的职责，企业家要想践行企业创新首先要了解企业创新理论。"创新"一词最早是由熊彼特在1912年提出的，他提出发明是过程，创新是结果；1928年，他又提出创新是一个过程，完善了创新理念；1939年，他全面建立了创新理论，形成了创新理论体系。创新理论认为生产技术和生产方法的变革在经济发展中起着至关重要的作用。

创新就是将生产要素和生产条件进行创新性组合，企业家的职责就是进行生产要素和生产条件的新组合，也就是建立一个新的生产函数并应用到生产中去；经济要不断发展，就要不断进行创新，就要不断引进生产要素和生产条件的新组合，得到创新的成果；创新的目的不仅是获得潜在利润，还是尽最大可能获得超额利润。经济的发展有不同的形式，不同的创新模式会形成不同的经济发展模式，产生不同的经济发展周期。我们都知道经济发展具有周期性波动的特点，这正是由创新的非连续性造成的，另外，创新的非均衡性也会引起经济的周期性波动。创新是经济发展和社会进步的原动力，没有创新的话，经济不会发展，社会不会进步。

（二）企业创新理论的基本观点

企业创新理论开启了企业发展的新篇章，企业发展理论有如下几个基本观点，了解了这几个基本观点，才能更好地理解企业创新理论。

1. 创新是经济发展的内动力

经济发展可能是外部变化引起的，也可能是内部因素引起的，我们这里所说的经济发展不是由外部因素引起的，而是由某些内部因素引起的。投入的资本变化会引起经济生活的变化，投入的劳动力数量发生变化会引起经济生活的变化，投入的技术变化会引起经济生活的变化，但是投入的资本、投入的劳动力数量、投入的技术导致的经济变化并不是唯一的经济变化，还有一种经济变化是体系内部变化引起的，不能用外部影响来说明，这种变化可以解释很多经济活动，我们有必要为它建立一种理论，那就是"创新"，创新可以解释很多经济现象，创新是经济发展的内动力，也就是内部最重要的动力。

2. 创新是一种革命性变革

创新是一种革命性变革，这种变革具备革命性，这种变革是严格意义上的经济发展问题，创新就是经济发展的动力，会促进经济的发展，使经济发生了革命性的变化，恰恰是革命性的变化才是我们要研究的问题。

3. 创新决定经济实体的兴衰

通过熊彼特的创新理论可以知道，创新是生产要素和生产条件的新组合，创建新组合就意味着新组合的诞生和旧组合的消灭。如果在完全竞争的状态下，组合的创新和消灭往往发生在两个不同的经济实体间，随着经济和社会的不断发展，创新和消灭也发生在一个相同的经济实体上，这是社会发展的必然结果。创新体现为一个经济实体的内部更新，更新速度越快，经济实体发展得越快，经济实体也越兴盛；经济实体更新速度越慢，经济实体就发展得越慢，经济实体也越衰退，所以说，创新决定着经济实体的兴衰。

4. 创新目的在于创造新的价值

发明和创新是有先后顺序的，发明在前，创新在后，发明只有得到实际的应用，才能对经济起作用，才是创造出了新的价值；如果发明得不到实际的应用，那发明就是摆设，没有创造出新的价值。只有创造出新的价值的发明才能叫创新，创新的最终目的就是创造出新的价值，不能创造出新的价值的发明就不能称之为创新。爱迪生一生有很多项发明，这些发明都多多少少对经济发展起到了一定的作用，可以称之为创新，因为他的发明创造了新的价值，促进了经济发展，改善了人们的生活，这就是创新最重要的意义。

5. 创新是经济发展的必然选择

经济有"增长"和"发展"两种情况，"增长"和"发展"的含义是完全不同的。"增长"是同一种变化的适应过程，没有产生质的变化，也没有产生新的现象，就是由于人口的增长或者资本的增长所导致的，不能叫"发展"。而"发展"指的就是由质的变化所引起的一种特殊的现象，"发展"着重于改变之前的均衡状态，打破之前的均衡状态，从而取得发展和进步。经济如此，人亦如此，一个人如果满足于现状、不思进取、不求改变，那这个人永远只能停留在一个高度，不会取得发展和进步；如果一个人不满足于现状，想要打破现状，就要改变之前知足常乐的状态，这样才能取得进步。可以这样理解，"发展"就是对现有经济状况的一种突破和破坏，这样经济才能发展，所以说创新是经济发展的必然选择，没有创新，没有突破，经济只能"增长"，而无法"发展"。

6. 创新的主体是企业家

企业是生产要素和生产条件进行组合的载体，企业家是实践生产要素和生产条件新组合的主体，企业家最重要的职能和职责是践行生产要素和生产条件的新组合，也就是通过创新让企业取得发展，经济取得进步。有的人认为企业家最重要的职能是经营管理，这种想法是错误的，只会经营管理的企业家不是真正的企业家，真正的企业家是会创新，会实现生产要素和生产条件的新组合的。所以创新才是区分真正的企业家和非真正的企业家的关键，一个企业家如果能够实践生产要素和生产条件的新组合，那这个人就是真正的企业家；如果一个企业家不能执行生产要素和生产条件的新组合，那这个人就不是真正的企业家。创新必须由可以实践生产要素和生产条件新组合的企业家执行，这样的企业家才是创新的主体，是名副其实的企业家。

7. 创新才能产生企业家利润

熊彼特假定存在一种循环运行的均衡情况，没有创新、变动和发展，也就不存在企业家，企业总收入等于总支出，原有企业家只是作为生产管理者，生产管理者所得到的报酬只是管理工资，因为没有利润，也不存在资本和利息。只有在实现了创新，经济获得发展而不是处于循环运行的均衡情况下，才存在企业家和资本，才产生利润和利息，企业总收入超过总支出，其差额就是企业家利润，是企业家由于实现了生产要素和生产条件的新组合而应得的合理报酬。资本的职能是为企业家进行创新提供必要的资金，其所得利息就是从企业家利润中所得到的部分。

第二章 企业文化的理论基础、结构与功能

企业的发展需要优秀的、先进的文化理论做支撑。加强企业文化建设，就是用先进的企业文化理论，把员工的思想理念、价值取向统一起来，把企业的核心职能、管理制度及各项工作转化为广大员工的神圣职责和自觉行动，激励企业员工的奋发精神，促进企业不断发展。本章分为企业文化的理论基础、企业文化的结构与功能两部分。

第一节 企业文化的理论基础

一、Z 理论

企业文化作为在管理实践中诞生的新兴理论，起源于日裔美籍教授威廉·大内的《Z 理论——美国企业如何迎接日本的挑战》一书，书中主要介绍了人与企业、人与工作的关系。Z 理论的提出是在日本企业的发展超过美国企业的背景下，威廉·大内选择了日本和美国一些具有代表性的企业进行研究，发现日本企业的生产效率普遍高于美国企业，并且在美的日资企业如果按照日本的管理方式去运营公司，其工作效率普遍高于美国企业。威廉·大内对日本经营管理的方式方法进行了理论上的总结和分析，并将这种管理方式称为"Z 理论"。Z 理论内容基本可以概括如下。

一是通畅的管理体制。企业生产经营中的管理制度、管理机制和管理机构保证底层员工的情况可以充分地被高层领导所知。二是赋予基层管理者足够的职权。基层管理者处于企业经营管理的第一线，对工作的执行情况和员工的工作能力有着最清楚的认知，应给予其充分的权力去协调员工的工作，使员工充分发挥积极性。三是中层管理者起到承前启后的作用。中层管理者作为企业架构的中间位置，要起到连接底层和高层的作用，确保企业经营管理的效率得到有效的保障。四是

企业在员工工作保障上要做到雇用的长期稳定。长期稳定的工作会使员工充满安全感，可有效地提高员工的责任心，以及增强员工工作的主观能动性。五是注重员工福利。员工福利是保证工作氛围和提升工作积极性的有效手段，有助于提升企业的形象。六是营造和谐生动的工作环境。和谐生动的工作环境使员工在工作过程中感觉丰富多彩，企业管理者不可仅仅关心工作本身而忽视员工的心理健康。七是对员工能力的培训。从多维度全方位对员工的综合能力进行培养，并且重视员工培训工作。八是员工的考核。企业员工晋升的关键依据是全方位的考核，所以要做好员工的考核。

威廉·大内认为，任何企业组织都应该对它们内部的结构进行变革，使之既能满足新的竞争性需要，又能满足各个雇员自我利益的需要，Z型组织也许就接近于这种新的组织形式。

二、需求层次理论

亚伯拉罕·哈罗德·马斯洛（Abraham Harold Maslow）出生于美国一个犹太移民家庭，是国际著名社会心理学家。马斯洛在1943年发表的《人类动机理论》中首次提出人类的需求层次理论（见图2-1），需求层次理论在其心理学体系中占据重要地位，对于企业的管理具有重要的使用价值。在马斯洛需求层次理论中，将人的需要从低级需要到高级需要分为五层，后又扩大为八层，在此主要介绍广泛流传的马斯洛需求五层次论，各层次需要的基本含义如下。

一是生理上的需要。马斯洛认为，人类的生理需求如衣食住行等是最基本的要求，是推动人们行动最为强大的力量，并且这些要求是人类得以生存的基本前提。二是安全上的需要。在人类生存的基本需要得到满足后，也就是生理上的需要得到满足，人类的需要就向安全需要转移，安全需要主要包括对自身安全、稳定的事业以及经济收入的需要。三是感情上的需要。这种需要属于社交的需要，是人类满足生理和安全之后的需要，主要包括两个部分，一部分是友情和爱情的需要，另一部分是在集体中归属的需要。四是尊重上的需要。这种需要是人类对社会地位的追求，尊重上的需要可以分为内部尊重和外部尊重两部分，内部尊重是指人的自尊，外部尊重指社会的承认。五是自我实现的需要。自我实现是需求层次理论中最高层次的需要，主要指在通过挖掘个人潜能以实现个人能力的最大化，以此实现个人理想。

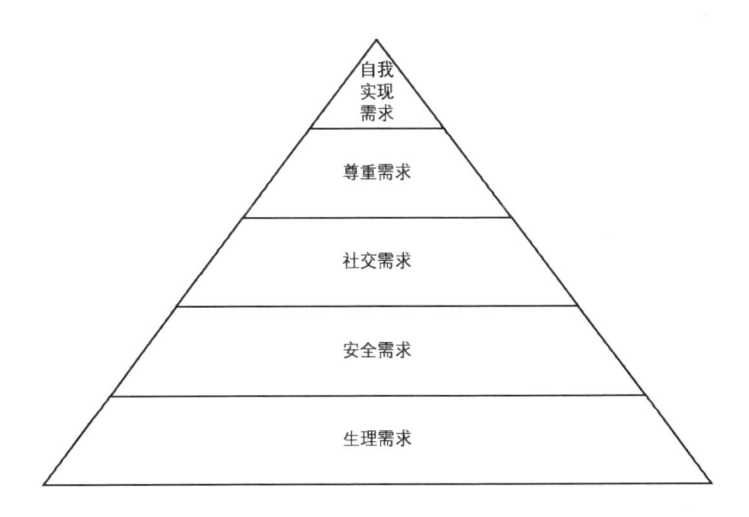

图 2-1 马斯洛需求层次理论

三、内部营销理论

内部营销（Internal Marketing）这一术语是由员工的内部市场这一概念衍生出来的。1981 年，克里斯琴·格罗路斯（Christian Grönroos）最早提出这一概念，他认为员工是企业的"内部消费者"，内部营销就是把企业的价值观、产品和服务推销给员工，让员工认可、认同企业文化，并以此为契机探求能使员工满意的措施和手段。

到了 20 世纪 90 年代，里纳德·伯瑞（Leonard Berry）和帕诺·舒曼（Para Suraman）在其《营销服务——通过质量取胜》著作中较完善地概括了内部营销的定义，他们认为内部营销就是一种把员工当成消费者，并让消费者高兴、满意的哲学，要想吸引、留住有胜任能力的员工可以通过满足员工需求的分批生产来实现。在此基础上，菲利普·科特勒（Philip Kotler）进一步提出了"营销化"的理论，他认为在企业内部营造一种营销文化是公司实现营销化的关键，通过培训、激励等手段来刺激员工为顾客提供优质、满意的服务，树立以客户为中心的服务意识，一切以顾客需求为导向，逐步建立起员工对营销文化的认同感，并将这种文化逐渐转变为员工的意识自觉和行为自觉。

内部营销理论是建立在以下假设之上的：一是组织中的每个人都有一个顾客；二是满意的员工才能产生满意的客户，员工满意与否直接影响客户的满意度。要想提高客户的满意度，企业必须先取悦员工，满足员工的合理诉求，因为员工满意了才能将满意感传递给客户，为外部客户提供更好的服务，让客户享受到贴心、周到、满意的服务。

由此可以看出，内部营销理论与传统营销理论侧重点不同，传统营销理论更关注企业外部的客户和市场，通过吸引和留住客户来获取利益，而内部营销理论将侧重点放在企业内部因素的协同与配合，因为没有企业内部各部门的协作与配合，交互营销对客户的作用就会减弱，服务质量也会随之下降，最终可能导致客户流失，利润减少。从这个意义上讲，内部营销是成功外部营销的前提和保障。

四、文化诊断理论

罗伯特·奎因（Robert Quinn）1988年发明了组织竞争力文化价值模型，该模型将企业文化指标根据其内在外部导向与制度内在授权两个层次加以划分，然后建立四个基本的企业文化价值模型。从企业内部–外在、控制–灵活两个层面，把组织文化类型分成了目标、规范、支持、创新等四个导向，并通过实证分析研究不同导向的文化类型对公司竞争力的影响。再经过测试形成了四大文化类型：层级型、市场型、家族型、活力型。另外，丹尼逊（Denison）的OCQ文化量表（也叫组织承诺量表）也是企业文化诊断分析研究常用的测量模型，该量表是诊断企业文化最实用、最系统的工具之一。丹尼逊在诊断理论的基础上，对美国众多上市公司展开了定性调研，最后总结并梳理出公司的文化特征——适应性（adaptability）、使命（mission）、一致性（consistency）、参与性（involvement）和企业文化之间的相互关系，并形成了一种可以说明组织中的企业文化特征的理论工具，包括职工工作能力、所有权和责任感的培养，它反映了公司培训、与职工进行交流沟通、职工的参与和工作承诺的重要性；被授权的员工是否真正负责、积极和主动；集体导向是否重视合作、集体精神和集体力量；能力发展是否鼓励和培养职工适应企业发展。

五、领导行为四分图理论

1945年，美国俄亥俄州立大学商业研究所掀起了一股研究领导行为的热潮。刚开始，研究人员将一千多种刻画和描述领导行为的因素一一列举出来，在此基础上，霍尔平（A. W. Halpin）和维纳（B. J. Winer）对这些因素进行分类汇总，并经过重重筛选，将领导行为最终高度概括为两个方面，即以人为重和以工作为重。

（一）以人为重

以人为重即以人际关系为中心，这一维度重点关注的是领导者与下属之间的关系，主要表现在领导者尊重下属的意见，主动征求下属的建议，将工作决策权下放给员工，关心关注员工的思想感情和诉求，平易近人。

（二）以工作为重

以工作为重即以工作为中心，这一维度领导者规定了其与工作群体之间的关系，通过建立明确的组织结构模式、交流沟通渠道和工作流程来进行管理，主要体现在设计合理的组织机构，明确职责划分、权利和义务以及沟通渠道，制定工作目标、制度规范、工作方法以及工作程序等方面。

他们二人根据"以人为重"和"以工作为重"这两方面的内容设计了领导行为调查问卷，调查结果表明，领导者的行为不仅仅局限于一个方面，可以是"以人为重"和"以工作为重"两个方面的任意组合。因此，将"以工作为重"定义为横坐标，"以人为重"定义为纵坐标，用四个象限来分别表示四种不同类型的领导行为，即低工作低关系、低工作高关系、高工作低关系、高工作高关系。

以人为重和以工作为重这两种领导方式并不是相互矛盾、相互排斥的关系，而是相互影响、相互作用的关系。一个领导者只有把以人为重和以工作为重这两种领导方式结合起来，才能发挥好领导的作用，实现有效领导。

六、彼得·圣吉的学习型组织理论

彼得·圣吉（Peter Senge）在20世纪90年代提倡的学习型组织的核心理念，为管理团队的健康长远发展提供了指导。他指出一个团队要想形成学习型团队，应该注意下列五要素。

（一）自我超越

对任何企业或个人而言，树立自我超越意识，下定决心改正自己的缺点和错误，全身心投入工作，是发展进步的关键环节。

（二）改善心智模式

心智模式也是指心理素质与状态。这种心智的问题就好比隔着玻璃来看世界，会微妙地扭曲个人看法。从这种观点来看，改善心智系统的目标正是寻找改变玻璃镜片的方式，即改变旧思想和产生新想法。每个人都应该勇于打开心扉，勇于表现自己的观点，相互尊重，相互信任，共同学习，共同进步。

（三）建立共同愿景

共同愿景指的是一个组织中各个成员发自内心的共同目标。目前来看，各企业管理者都很熟悉远景这个概念，但是大部分企业的愿景是管理者不考虑下属想法强加于组织上的。人缺少愿景就缺少做事情的主动性，也就只会为了适应而去学习，只有当人们拥有了愿景这个推动力，才会产生"创造性的学习"。

（四）团队学习

团队智慧应大于个人智慧的平均值，利用团体学习开展集体反思与分析，找到个性缺陷，可以提高团体向心力，促使团体做出合理的决定。

（五）系统思考

系统思考是这五条中最重要的。企业要积极指导员工通过搜集信息，掌握事情的全貌，培养全局思考能力，认清问题本质，帮助看清原因－效应关系。学习是思想的积极转变。如果企业能够顺利引入学习型组织，不仅能够取得更高的团队业绩，而且能够为组织注入新鲜的活力。

七、企业文化四层次结构模型

企业文化的构成在学术界没有一个统一的说法，有"五层次""四层次"和"三层次"等理论。关于企业文化构成应用最为广泛、知名度最高的应该是企业文化的"四层次"结构理论（见图2-2）。企业文化四层次结构最初是由荷兰著名教授吉尔特·霍夫斯塔德（Geert Hofstede）在《跨越合作的障碍——多元文化与管理》一书中提出的。企业文化的四层次如下。

（一）精神层

精神层是企业文化的灵魂，是所有企业文化活动的核心，主要包括企业的使命、愿景、企业精神、核心价值观、具体的经营理念和管理理念等。

（二）制度层

制度层是指将企业文化精神理念融入企业经营管理的各项规章制度、组织结构和领导体制，是建立良好企业形象以及企业上下实践企业文化的重要保障。

（三）行为层

行为层位于企业文化结构中的浅层，也就是仅次于物质层的第二层。企业文化行为层是指企业员工在工作、学习和文娱等活动过程中产生的行为文化，主要包括企业生产经营、企业教育培训、企业宣传、员工的人际交往、文艺活动等。

按照企业人员结构划分，主要包括企业最高管理者的行为文化、企业先进人员的行为文化、企业员工的行为文化。

（四）物质层

物质层是企业文化结构中的最表层，是企业文化中最外在直观的，是企业文化由精神层的抽象到具体的表现，主要包括企业的标志、企业名称、企业产品、企业生产经营环境、广告、衣着服饰等。

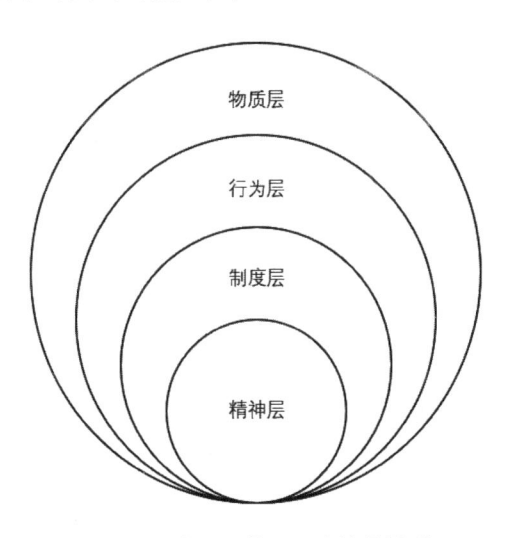

图 2-2 企业文化四层次结构模型

八、组织文化评价量表

组织文化评价量表（OCAI）是美国密歇根大学商学院的罗伯特·奎因教授和凯斯西部保留大学商学院的金·S.卡梅隆（Kim S. Cameron）教授在长期研究组织文化的基础上开发出来的测量组织文化的量表，目的是研究企业文化和企业有效性之间的关系。该模型把企业文化从内部－外部、控制－灵活两个维度，分为层级规范、市场绩效、团队支持、灵活变革四种导向。

（一）层级规范式文化

层级规范式文化是指一个企业具有高度制度化、机制化和规范化的文化特征。在这种文化下，企业员工遵循着操作流程和规章制度来工作；企业关注的重点是企业长期稳定发展和发展具有可预见性；企业的规章制度将企业整合为一个整体。

(二)市场绩效式文化

市场绩效式文化是指一个企业在经营管理中最重视的是如何签订合约、如何进行销售，如何在市场竞争中取得利润的最大化等。市场绩效型企业主要面对的是企业外部环境，以及与外部机构的交易，如承包商、供应商等。它是一个具有只看结果、高度竞争和不给竞争对手留余地等特点的企业文化类型。

(三)团队支持式文化

团队支持式文化是指一个企业中充满了共同的愿景，员工之间相互帮助、团结友爱和不分彼此。与市场绩效式、层级规范式文化不一样的是，团队支持式文化更注重大协作精神和大局意识、企业对员工的照顾和员工与企业之间的互动。团队支持性企业可以简单地看成一个亲近和睦的工作场所，企业管理层就像是企业员工的家长，是一种家庭的延伸。

(四)灵活变革式文化

灵活变革式文化是指一个企业具有高度变化性、创造性、适应性和活跃性等特征。与层级规范式文化不一样的是，灵活变革式文化没有高度集中的权力，权力的所属随着工作的发展变化而变化。这种类型的企业长期目标集中在怎么快速发展和取得新的资源上，企业经营管理的重点是如何保持产品和新知识的领先优势。

第二节　企业文化的结构与功能

一、企业文化的结构

如果把企业文化比作一个实心球，用形象直观的方式来表达企业文化的组织与结构，那就是物质、行为、制度、精神四个不同维度文化在这个实心球中的构成比例与位置顺序关系（如图2-3所示）。

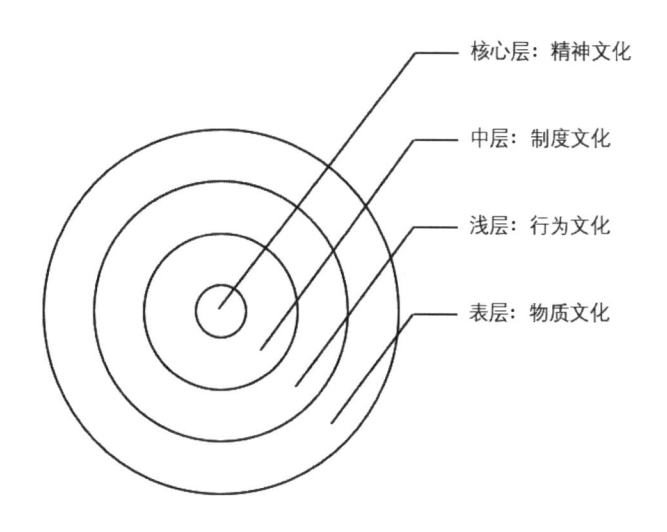

```
核心层：精神文化
中层：制度文化
浅层：行为文化
表层：物质文化
```

图 2-3　企业文化层次结构

物质文化是企业对外提供的物质产品和服务等，通过产品和服务直接向外界传递企业的价值主张等，是企业文化的最表层。具体包括视觉标识、企业之歌、办公环境、产品和服务等可通过感官直接触及的显性的客体。

行为文化是指企业为实现组织目标，希望员工采取哪种行为以及不希望员工采取哪种行为模式来表现和传递企业的价值主张等，具体为对各级领导者、管理人员和各类工作人员的言行举止的基本要求和基本规范，是企业文化的浅层。

制度文化是在规范企业及其成员在生产经营、履职尽责过程中所形成的工作制度、管理制度等各类规章制度，并通过该硬性的规章制度传递企业的价值主张等。相比较于行为文化而言，制度文化更严、更刚、更具有约束性，是企业文化的中间层。

精神文化又称理念文化或者价值文化，是企业文化的核心，直接决定了制度文化、行为文化、物质文化的建立发展、优化变革，具体包括发展目标、企业愿景、核心价值观、企业宗旨、企业精神、经营管理理念等。

比较来说，我们通常将物质文化、行为文化、制度文化统称为"硬性"文化，而把精神文化称为"软性"文化。"硬性"文化通常具有物质载体依附性或刚性约束性，比如物质文化通过产品输出、办公环境、设施设备等所承载体现；行为文化、制度文化更多的是硬性规定的规范约束，强调外在的监督与控制，是"他律"。企业"软性"文化管理更多的是发挥"随风潜入夜，润物细无声"的启发性、引领性作用，强调的是"自律"。具体而言，四个层面的文化你中有我、我中有你，共同作用于企业的生存与发展。就制度文化与精神文化来说，制度文化通过提炼升华为精神文化，精神文化的部分要素理念源于制度文化而又高于制度文化，两者之间是部分重叠的同心圆关系。就制度文化与物质文化来说，物质文化是制度文化的前提条件，只有具有一定的物质文化才能产生与之相应的制度文化。同时，制度文化是物质文化建设的必要保证，没有严格的规章制度、行为规范、"权责利"清晰的岗位职责和科学实用的操作流程等一系列刚性约束，企业是不可能输出符合要求的物质产品的。就制度文化与行为文化来说，制度文化是行为文化得以遵照执行的刚性约束，同时企业职工群体行为或者企业创立者、精神领袖倡导的行为特性经过提炼、固化、推广，一定程度上又会反过来作用于制度文化。

二、企业文化的功能

企业文化对企业发展具有灵魂和旗帜的作用。通常来说，优秀的企业文化对外能够塑造并展示良好的企业形象、综合实力、价值追求等，从而为企业发展营造更为有利的外部环境；对内能够提高员工对企业的价值认同，促使企业人、财、物等各种资源得到合理有效配置，促使员工围绕公司发展更好地发挥主观能动性，提高企业的整体竞争实力。

（一）导向功能

企业文化对于企业就像一个指挥棒，具有一定的导向作用；通过树立良好的价值观、制定企业的目标、完善企业的行为规范对企业的组成成员进行指导。这种导向作用突出地表现在企业管理方面，可以为企业的整体行为和员工价值观的确定发挥指导作用。企业精神和企业价值观要求企业的上层领导者和企业的员工做出符合企业经营理念和管理哲学的行为，能使企业员工在具体的经营实践过程中团结起来，达成共识，并且使员工拥有良好的思想意识和行为规范，保证企业的员工围绕着企业的共同目标，共同奋斗生产。企业的大多数员工会按照企业的行为规范要求调整自己，使自己的行为符合企业的标准。其中也有部分企业员工对企业的文化并不认可，但是他们为了避免被企业方面惩罚和被其他员工疏离，也会按照企业文化的相关标准来约束自己的行为习惯。由此看来，企业文化的导向功能虽然具有一定的弹性，但在某些情况下也具有强制性。

由此可见，建立好良好的企业文化之后，企业的员工就会围绕着企业的目标，按照企业文化所规定好的思维模式进行工作，从而使企业管理更加高效，产生的效果比行政命令和规章制度更好。企业经营管理是否能取得成功完全由企业的价值准则和价值观念决定。在建立优秀的企业文化的同时，伴随着系统的价值体系、行为规范标准的产生。如果某些成员的价值取向和行为规范与企业的相关标准不符合，那么企业文化就会对这部分员工的价值观进行引导调整，让其符合企业价值观的标准。

（二）创新功能

优秀的企业文化是一只"无形手"，对企业创新有巨大的推动作用。一个企业要想不被淘汰，就必须紧跟时代潮流，立足新形势，大胆创新、不断变革，营造一种创新的文化氛围，鼓励员工"敢想、敢干、敢突破"，为企业持续发展注入新活力和新动力，增强企业的文化软实力和核心竞争力。

（三）凝聚功能

企业具有组织的属性，对成员来说具有凝聚的作用。通过利益而建立起的凝聚力缺陷很多。公司的员工是为了利益而不情愿地加入企业这个组织，并没有把企业当成自己的家庭。虽然从表面来看，每个成员都在行为上为企业服务，但是企业员工工作的积极性和主动性对工作效果产生的影响巨大。对于企业来说，企业文化就是某种意义上的黏合剂，其形成很强大的向心力凝聚力，使成员牢牢地团结在企业的周围。它能使每个成员从心底认可企业的发展方向、管理理念、目标和利润收益，并把这些内容融入成员自己的价值取向、理念信仰和行为准则之中，从而达到改变员工思想和行为的效果。若企业的上层领导和下层普通员工都认为企业的价值观是正确的，那么他们必将会围绕着共同的目标和理想而奋斗，进而促进集体主义意识、服务意识、责任意识、使命意思和主人翁意识产生。在这种情况下，企业的员工会迫切地想在企业发展中贡献自己的力量，实现自己的价值，从而可以将企业内部的各种力量资源利用起来。全体员工助力实现企业目标的同时，也实现了自我的价值。在这条道路上，企业员工团结一致，共同奋斗，为共同的目标贡献自己的力量。员工之间的团结互助、相亲相爱必将营造一种良好的氛围，大家开始关心和尊重周围同事的情感和成果，从而达到尊重人的效果。企业文化大大加强了团体意识，提高了企业的凝聚力和向心力，对于保证企业内部环境的稳定、营造和谐轻松的工作氛围发挥了不可忽视的巨大作用。只有企业的上层领导制定出科学、合理、明确的目标，才能保证企业有强大的凝聚力。只有确定好企业的奋斗目标，才能充分地发挥企业的凝聚力的作用。这就启示企业在选择企业的目标的同时，要充分考虑好每个员工的个人利益，来确保在实现企业目标的同时，也使员工完成自己的人生目标，从而达到双赢的效果。在制定好企业目标的基础上,企业的上层管理人员要精心制定相关的政策措施来充分发挥企业凝聚力的作用。如果在制定企业目标的时候,没有充分考虑企业员工的个人利益,那么就算经营策略再好,企业凝聚力的作用都不能得到很好的发挥。

(四)调适功能

由于不同职工的价值追求、成长经历、专业背景、脾气习惯等并不相同,企业之间、部门之间、员工之间都不可避免地产生一些不利于组织整体目标、长远目标的矛盾和冲突,这个时候就需要无形的企业文化来进行"非正式"调节和化解,降低或减少内耗。企业与国家宏观政策背景、行业中观发展环境、上下游客户之间也会存在不协调、不适应之处,也需要企业文化来进行调整和协调,从而实现产业链各方利润的最大化。

(五)约束功能

优秀的企业文化对企业员工具有良好的约束作用,这种约束作用主要体现在企业的文化、行为规范、道德规范中。要想充分发挥企业文化的约束作用,企业方面就要建立健全的、高效的、人性化的、符合企业道德规范的管理制度,从而通过柔性的约束来限制员工的思想和行为。一般情况下,个体行为将会受到群体心理压力和动力等的影响而产生从众化的倾向。这种约束能力会使企业员工从心底里开始认可企业整体的意识、传统的习惯以及管理理念等,进而做出符合企业标准的行为或者约束自己不符合企业标准的行为。良好的企业文化会使企业员工更好地判断出哪些行为是符合企业标准的,哪些行为是不符合企业标准的。企业文化对员工产生自控意识的引导,主要运用了经营哲学、价值取向和道德观念等方面的手段,使员工在心底里产生自我约束的暗示,进而达到文化约束的效果,这种软约束能够使企业的准则和规范得到践行,对于提高员工工作的积极、主动性和自觉性发挥了巨大的作用。企业方面也可以通过强制性的手段来约束员工的行为,从而达到企业预定的目标。这些强制性的手段主要指颁布相应的规章制度,但是这种强制性的手段若没有员工的配合,并不能对员工所有的行为规范都产生约束作用,必将会存在一些真空地带,企业文化往往就能弥补规章制度约束员工行为方面存在的漏洞,通过精神层面上的某种无形的力量对员工的行为产生约束,让这种约束效果延伸到规章制度所不能达到的真空地带。

(六)协调功能

从社会组织的整体机构中分析,企业作为一个主要的社会组织团体,在增强市场活力、推动经济发展等方面发挥着重要的作用。国家是以民族意志和社会追求为价值内核的共同体组织,政府在维护国家利益、保障国家安全、推动社会治理等方面发挥着主要作用,但在社会组织运行的复杂机制中,国家政策的推广落地、理想价值的实践和社会人员的充分就业等都需要企业主动承担起相应的社会责任。企业在一定条件下虽然可以超越地域、民族甚至国家的限制"自由发展",建构全球化发展格局,但企业不能摆脱人类社会的发展需求、社会生产力发展水平和政策法规的区位差异而"无限发展"。企业的发展既要顺应时代潮流,又要符合不同国家民族的规则要求,迎合人们的需求,这样企业才能在激荡多变的历史进程中突飞猛进,创造辉煌。优秀的企业文化是与社会价值内容相契合的,是社会文化的重要组成部分,并在凝聚社会意识、协调化解社会矛盾和增强繁荣社会文化等方面发挥着重要的作用。从现代企业的完善层级体系和复杂组织结构中可以看到,不同企业内部存在着不同的领导与被领导矛盾和不同组织部门工作协调难题。优秀的企业文化维护企业内部的不同组织部门和层级领导和谐共存,并基于普遍接受认同的价值共识和清晰界定的企业发展的理想目标,为企业的良好发展共同努力。如何有效协调组织内部的矛盾与对立,构筑目标一致的价值共识是企业文化建设的重要内容。在现实工作中,不同层级、不同部门的员工由于个人文化认知和部门利益维系的差异,对具体的工作任务会有不同的理解,从而做出不同的行为。一个凝聚普遍价值共识和清晰企业发展目标的文化环境对有效开展各项工作提供了重要的保障。同时,优秀的企业文化为在不同层级、不同部门和不同员工之间开展直接有效的沟通交流提供了积极的文化氛围,对协调组织部门工作、开展企业价值宣传、解决企业内部矛盾发挥着重要作用。

(七)激励功能

在优秀的企业文化之下,员工常常有一种如沐春风的感觉,这种企业文化可以潜移默化地改变员工的行为方式,它通过柔性约束的方式来改变不利于企业发展的员工行为,并配合着人性化的管理满足员工的不同需要,激励员工奋发向上、积极进取。良好的工作氛围,往往能够让员工放松紧张的情绪,沉浸在工作的愉悦氛围当中。如果企业不能营造一种和谐的工作氛围,员工之间彼此互相扯皮,在承担责任时相互推脱,彼此之间钩心斗角,那么员工不但感受不到工作所带来的丝毫快乐,反倒会被消极的情绪包围,逐渐将自己的激情和精力消耗殆尽。而优秀的企业文化则不同,它能不断为员工提供一种良好的工作氛围,把积极的价值观传递给员工,既能为员工提供一种环境保障又能在精神上给予员工足够的激励。员工在此环境下，能够把潜能释放出来，产生对企业的高度认同感，志愿为企业发展贡献力量，从而提升企业员工的工作效率。企业文化具有强大的凝聚力，能够让员工凝聚在统一的价值观念下，并塑造出一种个人情感得到尊重、工作成果被认可的和谐的工作氛围，吸引员工投入更多的精力来为企业创造效益。管理者看到员工的所作所为之后，给予他们适当的物质奖励和精神上的激励，并将优秀的员工树立为学习的榜样，让其他员工向他们纷纷看齐。如此一来，员工就会将个人价值观融入企业的核心价值体系中，推动企业发展。在共享企业的成果中，员工也得到自我实现和个人尊重需求层次的满足，积极行为得到进一步的激励和强化，从而推动企业持续稳定地向前发展。

（八）辐射功能

企业文化在整个社会文化系统中发挥着重要的作用，是社会文化系统不可或缺的部分。两者之间既相互影响，又彼此独立。社会文化创造的大环境包裹着企业，影响着企业文化的发展，而企业也可以通过履行社会责任和义务影响社会文化，在某种程度上改变社会文化。比如说，很多人会把抽着万宝路喝着可口可乐的人视为美国人，因为万宝路和可口可乐都是优秀的美国企业，这就是典型的企业文化影响了社会文化的现象，这种影响能力我们通常就可以将其称为辐射功能。而企业文化要实现它的辐射功能就需要寻找到合适的途径，一般来讲，有三条途径可以实现即产品、员工和外宣。企业生产出产品并将其销售到市场，在整个生产销售过程中，产品将企业与市场社会紧密地联系起来，并把产品的实物展示、品牌特色以及企业文化和理念通过与市场接触散播到社会大众之间，影响社会的文化走向。它是企业与社会二者的纽带，是企业各种理念的承载，是客户了解企业文化的一扇重要窗口，也是潜移默化影响消费者的重要工具。企业的员工沐浴在企业文化当中，在潜移默化中其思想和行为都发生了一系列的改变，而这种改变常常会使得员工以社会人的身份将其代入社会当中，在与其他人的交流和接触过程中，通过行为语言以及外貌形态等方式影响他人的感知，并在潜移默化中改变他人的文化认知。在我国的一些老牌国企中，常常能够看得到企业文化通过员工散播到社区，从而形成社区文化，构成了社会文化中的一个重要分支。上述两种传播方式往往是客观的传播方式，是无意识的传播行为，而企业文化也可以通过有针对性地开展宣传活动来将企业的理念推广到社会大众心中，并通过广告等形式不断强化人们的认知，形成企业文化在人群中的深刻烙印，尤其是杰出的企业文化，往往能够推动社会的发展。历史上有很多优秀的企业文化通过科学的营销方式而被公众所熟知，并广泛宣传。

第三章 企业文化构建基本思路

企业文化是企业在长期的发展过程中形成的共同价值观念、思维方式和行为规范。优秀的企业文化有利于提高企业核心竞争力、有利于企业可持续成长、有利于吸引和留住优秀人才，因而构建企业文化具有极其重要的现实意义。本章分为企业文化构建的目标、企业文化构建的理论基础两部分。

第一节 企业文化构建的目标

一、培养企业精神

企业的内在精神和文化能够激发企业在市场博弈中增强动力和生命力，同时有效作用于企业内部的凝聚力，不管是从企业文化建设的角度分析，还是从企业长远发展的角度分析都必须重视企业精神的塑造与培养。从表层看，企业文化只是企业的制度与形象，事实上从更深层次的角度分析其充分体现了企业的价值观与企业精神。基于核心价值观，企业文化建设需要将表层文化和深层文化有机结合，其中企业精神的培养无疑是建设企业文化的核心所在。

何谓企业精神，概括而言它属于意识形态领域范畴，是企业在长期实践工作中所总结出的与本企业实际相符的号召力和向心力。在经营管理实践中只有积极培育奋发向上的集体共识和精神风貌，才能够正确引导企业员工形成道德素养与价值共识，独特的价值文化也是企业打造的独具优势的核心竞争力。培育企业精神就是要建立起共同的精神体系和价值追求，通过精神的指引在企业内部形成巨大合力，将企业打造成一个命运共同体。同时，培育企业精神是企业落实文化建设、精神建设的题中之义，企业精神的培养不但能够提高企业员工的工作效率和管理效能，增强企业竞争力，而且能提高员工的团队合作意识和集体奉献精神，增强企业的凝聚力。如果缺乏企业精神的培育，员工的自我价值就无从体现，企业文化建设和企业的长远发展也无法实现。由此可见，现阶段企业在开展文化建设过程中需要更加重视以精神文化建设为导向的企业精神的培养，遵循以人为本的价值理念，积极培育健康向上的企业精神，以此推动企业文化建设和企业的繁荣发展。

在培养企业精神的过程中，一方面可以通过开展企业发展历史教育来提高员工的荣誉感。企业从初创、发展到成熟稳定阶段都不是一路平坦、顺利的，企业可以通过邀请老干部、老员工开展深入座谈讨论的方式来进行企业历史教育，让员工能够从前辈走过的路中学习先进典型、吸取历史经验、接受精神教育。另一方面，企业精神的培养需要根据具体情况选择培养重点。企业在不同的时期和发展阶段都有不一样的工作重心和重点项目，因此在企业精神培养过程中，应该以抓好重点、围绕中心的原则来开展宣传培育工作。

二、加强思想道德建设

道德是调节社会关系的规范。在我国现阶段社会主义经济建设中，企业汇聚了广大的工人阶级，他们是重要的发展主体。作为我国文化建设的重要领域和推动经济建设的重要力量，企业必须正视新形势下意识形态领域存在的突出问题，以正能量的社会主义核心价值观为导向强化企业员工的思想道德建设，使其担负起时代责任和使命。

一方面，企业领导干部需要加强思想道德建设。中国古代对领导干部思想道德建设更是论述诸多，两千多年前的《论语》中就提出了领导干部的为官准则："为政以德，譬如北辰，居其所而众星拱之。"《大学》中也提道："古之欲明明德于天下者，先治其国；欲治其国者，先齐其家；欲齐其家者，先修其身；欲修其身者，先正其心。"进入新时代，经济社会迅速发展，也给企业中的领导干部提出了更高的要求，特别是在市场经济各种思潮的冲击下，企业领导干部的思想道德建设尤为重要，要基于新的高度开展本项工作。领导干部的思想道德建设是企业形象在社会中的重要体现，企业领导干部在处理问题时，在参加社会活动时都会对周围员工产生影响。要贯彻执行好企业的路线、方针、政策，除了具备相应的能力水平外，还必须具备良好的品德去影响员工，发挥标杆作用。企业领导干部作为工作实践的重要指挥环节，其道德境界对周围员工有示范效应和凝聚效应，品德高尚的企业领导以其人格魅力会形成无形的强大个人影响力；反之，负面效应也特别突出。

另一方面，企业员工需要加强思想道德建设。企业文化往往体现着员工的思想道德水平。企业应该加大力度落实思想道德建设，通过加强员工的思想道德水平建设来发展企业文化。企业员工思想道德建设要以企业员工的教育为着力点,把员工的思想道德建设贯彻到员工的实际工作当中去,提升员工的思想道德修养,提升员工的精神境界。

一是提升员工爱岗敬业意识。爱岗敬业就是员工从心底接纳认可自己的本职工作和工作岗位,以奉献精神服务于自己的岗位和企业。而这种动力的形成需要企业给予适当的激励政策。这种激励不仅仅表现在物质层面,更重要的在于企业员工从精神层面产生对企业的归属感和幸福感,这就需要企业在文化建设过程中为员工提供一种和谐、积极的企业文化整体氛围,由被动接受变成内在的追求。

二是提升员工诚信、奉献、友善意识。诚信意识不但是我国优秀传统文化的道德传承,也是企业在文化建设过程中的重点内容,它要求企业员工在工作中要诚实待人、信守诺言;奉献意识要求员工要有无私的集体精神和团队思想,并对自己的工作投入全身心的付出;友善意识要求员工相互关心尊重,和睦相处,塑造和谐的工作氛围。加强企业员工的思想道德建设,能有效提高员工自身的思想道德意识,内化于心,外化于行,最终达到企业文化建设的目的。

三、弘扬企业优良传统

弘扬优良传统,提升企业形象,不仅是尊重历史、传承历史积淀的精神财富,而且是壮大企业发展优势、推动企业持续发展的现实要求。每个企业从起步、发展到成熟,一路走来都积淀了厚重的历史和优良传统。企业的优良传统不仅影响着一批又一批的企业员工,并且在不同历史时期发挥着重要的激励和衍射作用,具有强烈的号召力和凝聚力,是企业在发展过程中和文化建设过程中的精神支柱。这些优良传统是一批批企业员工在企业发展过程中不断提升自己,融合于社会环境而逐渐形成的为大家认同的思想观念及行为规范。毋庸置疑,各个时期,这些优良传统的表现形式、内容等各方面都有所不同,但是传承下来的企业精神是不变的,至今仍然指导着企业的发展。因此,企业的优良传统是历史性和现实性的统一。在弘扬企业优良传统的过程中,要辩证统一地看待企业传统价值观对文化建设的作用和意义,要不断地在批判继承中发展优良传统。勇于摒弃一些已经不符合时代的传统观念,要根据时代的不断变化加以革新和发展,使企业的优良传统与如今的企业文化建设更好地融合,在当前的企业文化建设中充分发挥积极作用和时代价值。

积极弘扬企业优良传统,一方面,有利于丰富企业文化建设的内涵。弘扬企业优良传统并将其文化精髓与企业发展的具体实际相结合,可以在推动企业文化建设不断发展的同时，极大地丰富企业文化建设的内容。企业通过学习和弘扬企业优良传统，可以用历史的观点来指导企业文化的发展，更进一步丰富了企业文化建设的内涵。另一方面，有利于增强企业员工的文化自信。企业的优良传统是企业的突出优势和企业的文化软实力，同时也是我国企业文化建设最深厚的文化底蕴。积极弘扬企业优良传统可以让员工形成独特的精神气质和精神品格，这种精神气质和精神品格可以为企业员工提供精神指引，会提高员工的自我认同感的和对企业的认同感，因此能够增强员工的文化自信。

四、丰富企业员工文化生活

企业文化建设应该包括员工文化，实践表明丰富的文化生活有助于企业保持活力，实现更长远的发展。现阶段，企业在进行文化建设过程中要重视员工的文化生活，积极通过各种方式和手段加强对企业员工文化生活阵地的建设。不断丰富员工的文化生活，有利于企业员工文化水平的提高，进一步提升企业文化建设的水平，推动企业发展。随着社会的进步和发展，企业对员工的要求越来越高，只有不断地加强员工文化阵地建设，丰富员工的文化生活，才能塑造员工良好的精神面貌，提升工作效率，从而有效推动企业的发展。企业加强员工文化阵地建设，丰富员工的文化生活，有利于发挥企业文化的凝聚效应。

员工在共同的价值追求下能够产生强烈的情感共鸣，更愿意展现并发挥自身的优势，为企业发展做出贡献。在文化建设过程中企业要积极采取实际行动丰富员工的文化生活，不能只停留在口号上，要提供全方位的支持和保障，推动员工文化建设活动的开展，给员工创造机会展示自己，促进员工文化的发展。

加强企业员工文化阵地建设是丰富员工文化生活的必然要求，需要做到以下几点。

第一，提高企业基层员工的文化素质水平。要对企业基层员工的文化素质教育工作提高重视，在保证基层员工完成正常工作的前提下，对员工开展文化培训活动，并且鼓励他们不断参与到文化培训教育中，通过教育培训提高基层员工的文化素质水平，并增强基层员工的主体意识和参与文化建设的积极性。此外，企业在进行招聘时，要注重员工的软实力，除了考虑员工应具备的专业技能素质外，还要考虑员工的文化素质水平。当企业员工整体具备较高的文化素质水平时，企业员工的综合实力才能提升。

第二，充分发挥企业工会的作用。工会在企业员工文化建设中起着至关重要的作用，企业要协助工会组织举办一些丰富员工文化生活的活动，如文艺比赛、体育运动、户外活动等项目。一方面可以丰富员工的文化活动，增强文化氛围，助力企业文化建设，另一方面可以增强员工的归属感和企业的凝聚力。

第三，企业管理者对员工文化建设要足够重视。企业的管理者对员工文化阵地建设起着决定性作用，企业管理者要在政策和经费方面积极支持文化建设部门和工会组织开展企业文化培训和各项企业文化活动，提高企业员工文化素质，促进企业文化建设。

第二节　企业文化构建的理论基础

一、人际关系理论

在管理学历史上，各种古典管理理论学者如泰勒、法约尔等为管理学理论的出现付出了一定的努力，但是经过学者总结发现，他们都过于强调管理行为本身的性质，却忽略了在管理行为中，作为主体的人的因素和作用。这引起了一些学者的关注和思考，并催生了一种更为完整的管理理论——人际关系理论，该理论的产生，与历史上著名的霍桑试验是分不开的。人际关系理论诞生于20世纪20年代，核心观点就是人际关系。霍桑试验表明，个人不能与集体分开讨论，他们是密不可分的。所以，企业在日常生产经营中要重视个人的作用，一旦员工在公司缺少了关注和认可，并且不被尊重，就会对其工作主观能动性、积极性产生直接影响，降低工作效率；反之个人在精神需求方面得到了满足，和物质奖励带来的满足感不同，精神满足能从心底里大幅提高工作责任意识，从而有效提升工作效率。人际关系理论的出现也为企业文化提供了理论依据，为企业文化建设实践及发展提供了保障。

二、企业文化评估理论

在优化企业文化工作之前，需要结合实际发展情况，对企业文化的现状进行评估和分析，从而更清晰地分析现状与理想中的差异。

（一）企业文化评估的必要性

企业文化评估在优化工作前期准备中至关重要，决定着企业未来的发展方向。首先，评估的目的是诊断目前公司的企业文化体系能否适应所需，以及与文化相关措施的落实情况，也就是看该理念是否适应企业当下的发展；其次，检验企业文化在实施过程中的有效性，从而更好地推动企业文化的实施；最后，检验企业文化落地情况，要根据企业现有的管理制度进行科学的检验，从而为优化企业文化提供可靠依据。

（二）企业文化评估的角度

企业文化评估的角度主要是从企业和员工两者角度出发：从企业角度，对企业在企业文化建设当中所实施的相关方案是否有效而进行诊断和评估；从员工角度，主要是考察员工对企业文化的认知，以及对企业文化相关内容的熟知程度，收集员工对企业文化的反馈信息。

（三）企业文化评估的方法

对于企业文化评估的方法，众多学者都进行了不同的试验，主要还是采用定性、定量或者两者相结合的评估方法。定性评估方法主要通过实地调研或访谈调查进行有效分析；定量评估方法则采用问卷调查的方式来获取样本量，进行整理分析；定性和定量相结合的评估方法，不仅能对公司实际发展情况进行分析，而且能得到样本数据的支撑，可以更全面地对企业文化进行评估分析。

三、革新性文化理论

20世纪80年代，美国学者托马斯·彼得斯与小罗伯特·沃特曼在对各行各业75家杰出企业研究分析后，总结得出了革新性文化理论，该理论认为，优秀的企业都有同一个特点——具有强有力的文化传统，并且这些企业的文化在日常管理中占据了绝对主导的地位。这些文化最根本的特征在于它们的"革新性"，两位学者总结出了这种革新性文化所具备的8种特质：敏捷果敢，贵在行动；亲近顾客，仰仗"上帝"；鼓励革新，容忍失败；尊重职工，以人促产；深入现场，以价值观为动力；不离本行；人员精干，注重实效；宽严相济，有张有弛。革新性文化理论的提出，总结出了优秀企业的文化的共同特质，并且发现这些特质都是与人有关的，这也从侧面证明了，企业的行动主体是人，在制定企业文化，开展企业文化建设时，要从人"出发"，重视人的行为、想法，规范人的行为举止。

四、埃德加·沙因的企业文化理论

埃德加·沙因是企业文化领域的开创者和奠基人之一，业界公认"企业文化"一词是由他"创造"的，在埃德加·沙因教授的《组织文化与领导力》中首次系统地阐述了组织文化与领导力的关键议题，包括组织文化的界定、内容和文化的不同层次，领导者如何随着组织的发展来创建、评估和传播组织文化，领导者在文化变革过程中如何扮演角色等。通常情况下企业文化可以从很多层次去进行分析，埃德加·沙因在《组织文化与领导力》一书中将企业文化从三个层次去解析，三个层次相互作用，由浅入深地对企业文化进行层层分析，这三个层次如下所述。

①人工饰物可见的与可触及的现象。人工饰物是企业文化中最显而易见的层次，如企业建筑环境，产品外观，技术，员工的服装、行为习惯和精神面貌展现上的风格，公开成文的价值观、社会形象、象征物及企业的仪式活动等。

②信奉的信念和价值观。位于人工饰物之下的就是企业信奉的信念和价值观，如企业经营的理想、目标、价值观等多种意识形态和理论解释，在这些意识形态和理论解释中有些可能会或可能不会与行为和其他人工饰物保持一致。

③潜在地认为理所应当的基本假设。企业文化的价值、规范、假设、信仰等是在人们心理中形成的潜意识，是一种难以被发现的心理活动。

第三节　企业文化构建的原则和路径

一、企业文化构建的基本原则

（一）整体性原则

企业文化的建设不应该只着眼于企业的某一个特别优势，或是最具有竞争力的板块，它的内涵并不是单一的内容，而是一个全面的、包括了企业方方面面的、整体的系统。在企业文化的建设过程中，由于其复杂性和层次性，构成因素之间会相互影响、相互转化，所以建设时，要用整体性的目光看待，把企业文化建设看成一个有机的整体，全盘考虑所有要素和细节，特别是文化建设与工作实践的整体性，避免出现重文化建设轻生产经营、重理念轻落实的错误。

（二）实践性原则

企业文化的建设不应该浮于表面，只着力于理念的搭建，如空中楼阁一般，也不能凭空设计。它需要从企业的工作中总结出来，从经营实践中提炼出来，以实际情况为根基，以实践为导向，将企业文化和生产经营有机结合，同时要将其有效落地，用实践检验文化，在实践中不断完善企业文化。

（三）亲密性原则

这一原则要求企业要在各方面对员工进行关心，能够真心地听取员工的意见，使员工信任企业并从工作中感到快乐，也愿意互相之间进行交往，从而形成亲密融洽、和谐轻松的工作氛围。

（四）群体性原则

企业文化的建设主体是全体员工，企业的价值需要通过管理团队和员工的行为选择来体现。企业领导者尽管对企业文化有着决定性作用，但这种决定性作用应该体现在文化建设的过程中，而非文化本身。全体员工要主动参与企业文化建设，而非成为企业文化被动的灌输者。只有当全体员工都能在日常工作中学习、认可、践行、传播企业文化，企业文化的建设才能真正落地。

（五）共识性原则

创造共识是企业文化建设的核心和本质。只有达成共识才能形成凝聚力，才能保证决策的科学性和正确性。企业可以借助文化网络和非正式传播渠道将需要达成共识的信息进行传播；同时让更多的人参与到管理决策和执行中来，在工作中互动和学习，形成共识。

（六）系统性原则

在企业文化建设和企业发展转型的过程中，企业应秉承系统性原则。在精神层面上，我们需要以全局的角度对企业进行整体性企业文化建设；在制度层面上，应体现以人为本、重视民主、人人平等的主旨，同时也应一定程度上反映企业的严谨性；在行为层面上，应以员工之间有效的沟通交流为主，形成良好的文化氛围；在物质层面上，应着重考虑提升物质文化的规范性，最终使得企业各项工作良好运行，推进企业的进一步发展。

（七）包容性原则

企业文化的建设要有包容性，要做到能够包容文化的多样性，在把握核心文化价值的基础上，正视部门、员工之间的差异性，求同存异，培育兼具特色的企业文化，实现共性与个性的结合，促进企业文化建设的创新发展。

（八）一体化原则

一方面，要充分意识和发挥企业文化主体的力量，实现全员参与，将企业的领导人、优秀员工的作用充分发挥出来。另一方面，要实现上下一体，实现管理人员和员工的一体化，建立共同的奋斗目标和相互扶持、相互信任的关系。

（九）可操作性原则

企业文化不是花拳绣腿，更不仅仅是类似于"花瓶"的展示品，而是重在解决企业存在的问题，指引企业未来的发展。企业文化的建设过程，就是企业内部运用自身力量去发现问题、分析问题，然后解决问题的过程。企业文化建设所形成的成果要起到凝聚、导向、规范、激励、辐射、调节作用，形成企业在市场竞争环境中生存和发展不可或缺的精神力量和道德规范，促使企业的人、财、物、资金等各种资源得到合理有效配置，从而提高企业的竞争力。

操作性不强的企业文化不但对企业经营管理毫无促进作用，甚至还会阻碍企业的发展。因此，在进行企业文化优化时，必须强调实用性、可操作性和指引导向性，确保实事求是，一切从实际出发，能切实对各种生产经营管理工作有实际的指导和促进作用。

（十）全员参与原则

企业文化的建设必须由上至下逐步完成，同时必须由企业内部全部职员共同参与，使其达成一致的文化信念及目标。与此同时，企业文化的更新改善工作也必须一步一个脚印地完成，这个过程还需每位集团员工的参与，把企业文化当作一类潜在的"软规则"来对自身进行约束，使企业文化能够充分发挥其激励作用。员工不但是企业文化革新的参与者，同时还是实践者，所以，企业文化的构建必须保障企业全部员工的参与，只有集团所有者、各部门管理者、基层员工等都积极参与其中，才能够激发全部员工的潜能和积极性，才可以保障企业的健康可持续发展。

（十一）守正创新原则

守正创新是指要准确把握事物发展的规律，根据一定的目的改变事物的现状，同时也要敢于打破常规，创造新的事物。每个企业都有其特定的生存和发展经历，在其长期发展过程中会自发形成符合自身发展实际的优良传统和行为习惯等。这些无形的理念已经在员工心中生根发芽，已经内化为行为自觉，指挥和影响着平时工作的开展。此外，在更新完善企业文化建设方面，必须形成长时间作战的理念，从前期计划到中期指导，再到后期执行，逐步进行评估调查，逐步进行调节完善，坚持循序渐进、持续改进，一步一步完成企业文化建设的最终目标。

二、企业文化构建的基本路径

（一）企业精神文化构建路径

精神文化是企业在发展实践当中所形成的一种独特的文化现象，同时也能够将其作为衡量企业是否形成稳定文化的一种指标。作为全体员工共同拥有的精神财富，精神文化对企业发展所产生的影响是不可否认的，能够很好地提高企业的凝聚力，同时具有规范员工行为的重要价值，所以在推动企业文化建设之时，需要高度重视精神层面的实施优化，引导员工参与到企业发展战略决策的环节当中，广泛征求员工意见、充分考量员工需求，发挥员工的主人翁意识，促进企业的长远发展。

1. 重构企业精神文化内涵

（1）紧扣企业实际，切实找准定位

企业精神文化是企业文化的核心内容，是受到社会文化背景、意识形态、经济发展的影响而形成的企业精神成果和文化理念。但这不意味着管理者要放任企业文化的发展，而是要在经营管理过程中结合企业承担的社会责任、企业的目标和愿景，不断提炼自身文化，找到合适的定位。精神层面的文化不一定要多"高"、多"大"、多"远"，更不需要崇洋媚外、生搬硬套，但一定要务实务本，给企业绝大多数员工亲和感、代入感，使员工真正能够清晰快速地把握其中的要义，自觉产生接受精神文化的主动性。

（2）拓宽企业宗旨内涵，增强员工归属感

对现有"顾客为先，质量为本"的企业宗旨进行内涵深挖和外延拓展，在维护企业员工整体利益的前提下，为顾客提供品质过硬的产品，并不断追求卓越。只有把以人为本注入企业宗旨当中，真正在企业文化的推行中注重员工感受，才能让员工把企业当成自己的第二个家，从而产生强烈的归属感。

（3）丰富企业精神，提高员工的集体荣誉感

要正确把握企业精神的内涵和外延，就要在现有"精益求精"的企业精神的基础上，在范围上向基层延伸，扩大企业精神的覆盖面；在内容上进一步拓展，比如将"上下同欲"融入现有企业精神当中，旨在将高层、中层、基层用目标导向紧密联系起来，切实增强企业员工的集体荣誉感，让企业文化的凝聚作用进一步凸显。

2. 强化企业文化理念宣传

企业需要加大对本企业文化理念的宣传，以文化理念传播为基础，引导全体员工形成统一认知，从而有效规范员工的日常行为。企业可以充分利用各种宣传渠道，加强企业文化理念的宣传力度，并且调动员工参与企业文化学习及建设的积极性，同时采用培训、学习等多种手段，进一步为员工了解企业开辟良好的渠道，同时将企业的生产经营和宣传工作进行有效的融合，让企业文化宣传活动能够体现在生产经营的各个环节，通过宣传活动来提高企业的发展效率。党团组织是企业文化宣传的重要领头人，所以在企业文化建设过程当中，不仅需要动员党团组织参与其中，而且还需要发挥出党员干部的带头示范作用，通过领导示范上行下效，从而达到提高生产水平的最终目的。

3. 提高员工集体责任感

在企业的发展运营中，集体责任感可以概括为员工对企业的忠诚度和工作中的团队意识。

（1）建立问题反馈机制

在日常工作中，建立良好的问题反馈渠道，真切地关心员工在工作中的问题和困惑，让员工无论是工作或是生活中都能够得到真正的关心和重视，才能更好地发挥员工在团队中的价值和主观能动性。企业应该更好地聚焦员工的成长与发展，强化企业发展、员工关系等部门职能，定期开展问卷调研或者访谈，了解员工的所思所想，评估当前企业的活力，及时解答员工的困惑，进一步强化员工的集体责任感。

（2）给予员工决策权

对员工来说，如果只是给他们安排工作，而不是给他们决策的权力，这个时候他们只会担心自己的工作内容，而不会考虑结果。企业应注重培养项目内部的小组管理人员，充分给予他们职责范围的权力，使他们更好地协助开展企业文化的宣传工作。当然，人一旦有了权力，自然也会有更多的责任，因此，放权对于员工能力提升也是大有裨益的。在这个过程中，要注意权力下放的适度原则，谨防引起内部的管理混乱。

4. 优化企业文化培训

一是完善、优化企业文化培训内容，将枯燥的文化理念融入工作日常中，寓教于乐；提高员工接受度，加强新员工培训的力度。二是引入线上培训渠道，丰富培训方式，满足不同岗位员工的需求。三是将企业文化培训与员工激励相结合，并且融入公司团建活动、常规会议当中。

5.营造良好的工作氛围

一个优秀的企业最注重的就是营造一种良好的工作氛围，这不仅仅意味着企业有一个好的工作环境，更多的是体现出了一种精神上的和谐。缺乏良好的工作环境，就不能建立起员工之间相互的信任，难以形成互相交流、学习及尊重企业文化的氛围，员工之间无法形成共同的价值观。另外，良好的工作氛围也是一个团队高效运转的保证，没有好的工作氛围，也就无法形成高效的团队。

（1）积极传播职场正能量

职场中的员工情绪具有极强的传播能力，一个员工对工作的不满和抱怨，往往也会引起周边员工负面情绪的酝酿与积累。因此，企业的管理者应在工作中积极传递正能量。正能量是一种鼓舞人心的力量，它能给人以希望，激发人们积极向上，促使人们不断努力。例如，员工在达成业绩后，小组成员可以给该员工掌声鼓励；针对员工业绩不达标的情况，要学会用关心代替斥责，用帮助代替冷落，这样能够更好地让员工在良好和谐的工作氛围中不断成长。

（2）合理释放员工压力

员工的幸福还来自合理的工作强度和相对的成就。因此，企业的管理者应合理引导员工正视工作中的高压力，帮助员工认识到当今时代工作的强度是与薪资收入相匹配的。针对压力较大的员工，要做好他们的思想疏导工作，可以定期开展相关心理健康讲座，解答员工的困惑，让员工更好地释放内心的压力。同时，可以在非工作时间通过播放轻音乐、带领员工跳健身操等方式，使员工潜在的压力得到有效缓解与释放。

（二）企业制度文化构建路径

1.完善顶层设计

良好的企业制度是能将企业各种生产要素有机组合起来的"黏合剂"，是能够将制度与企业宗旨、企业目标充分融合的。因此，在制度文化建设中，企业应以顶层为设计原点，跳出企业范畴看待制度建设，具体而言，就是从企业治理结构、组织结构、管理制度、行为规范等入手，通过系统的思维方式，将这些领域的一贯做法、良好经验，总结上升到制度层面；还可以采取与同行业对比、取长补短的方式，将以上领域的各项内容以标准、细则的形式呈现出来，最终实现人人能知晓，人人能领会。

2. 增强头雁效应

企业管理者对文化建设的重视程度往往决定着文化建设的成败，对推进制度文化建设起着决定性作用，可以说，企业管理者是整个制度文化建设效力的"晴雨表"。因此，要着力增强"关键少数"作用，增强头雁效应，从而产生对整个组织的链式拉动作用。在此过程中，还要因地制宜、因时制宜地向下级组织或人员充分授予制度固有的"强制性"权力，以此建立起凝聚共识、上下协同的关系"纽带"，切实营造人人遵守制度的良好制度建设文化氛围。

3. 优化考核方案

考核方案的问题需着重在考核的及时性、积极性上下功夫。针对考核激励标准偏低问题，一方面，对部门重点、难点项目设定专项奖励；另一方面，在未来制度拟定时应充分参考市场调研，以制定更具市场竞争力的考核标准。针对正向激励不足、激励兑现不及时的问题，要结合实际业务开展情况，增加及时激励奖金设置，并与公司经营任务考核挂钩，于每月及时发放兑现，形成先激励、后考核的正向、及时激励模式，这在一定程度上解决了激励兑现不及时的问题；并将员工的收益和公司的发展相结合，进一步提高员工的主人翁意识和工作积极性。针对考核种类繁多的问题，在过程中由人力资源专业部门逐步梳理和优化考核种类，合并同类考核，取消不必要的考核。通过优化，使得公司考核能够真正和公司经营、员工工作相结合，能够起到考核的引导作用和激励作用。

4. 优化薪酬体系

薪酬对标应该从对外、对内两方面开展。一方面结合行业内其他标杆企业、同类型企业进行调研和数据对标，同时引入专业的第三方管理咨询机构对企业各类岗位薪酬进行市场化对标分析。另一方面向集团内部兄弟公司相关专业和岗位进行对标。就对标结果与其他企业薪酬有差距的部分岗位，针对性地进行薪酬体系的调整，对明显低于市场水平的薪酬标准进行调整。同时，可结合企业经营发展的战略，匹配薪酬调整机制，也可结合企业利润分享及适当的股权奖励，提高对核心骨干员工的激励。

5. 优化考勤管理

结合一线情况，对考勤进行灵活性调整。在兼顾现场管理的同时，给予员工休假的灵活自主权，增加年度可休假次数，且弱化时间间隔要求。增加休假路费报销次数，使员工可以更加灵活地结合自身工作和实际情况择机休假。同时，引入线上打卡系统，借助远程在线打卡系统对员工出勤情况进行远程监管。未来，可继续探索长期驻外办公灵活出勤机制，结合现场事项和对接部门，采用灵活打卡出勤形式或更能符合实际管理和工作开展的需求。结合线上考勤模式，在规范公司管理的同时也能给业务松绑，让员工更有归属感。

6. 完善配套机制

良好的管理制度重在执行，所以企业在未来的发展中首先要充分梳理现有的规章制度，并做好分类整理工作，将一些冗余的制度剔除，将重复的制度予以合并，将不符合企业实际的制度予以删除，严格按照制度管人，为企业建立一种公平、公正、公开的制度环境，拒绝托关系、走后门等现象发生，维护企业规章制度的公信力。在进行人力资源管理的时候也要注重以人为本，企业应该坚持把人作为企业一切经济活动的核心，充分尊重员工的不同个性，通过建立完善的激励机制满足员工的物质及精神方面的需求。

7. 强化制度审核流程

制度文化的全面性与规范性对企业文化建设意义重大，目前部分企业存在制度文化建设不够完善的问题。为了促使企业制度文化建设得以加强，从而促使企业更好地发展，企业应当进一步强化制度的审核流程。

（1）将企业文化精神与发展理念作为主要参考依据

在企业的制度审核流程中，应当将企业文化精神与发展理念作为主要参考依据，结合企业的实际管理需求，建立能够满足企业科研生产与经营管理需要的制度审核流程。

（2）做到制度精细化，促使企业高质量发展

以切合实际的高标准对制度进行精细化审核，确保制度内容符合实际与时下的管理理念并含有一定的创新价值，同时又不缺失继承性。当领导者在审核中发现制度中的不恰当之处时可提出改善建议，确保制度的规范有效，对制度建立提供有力的保障。

8. 完善人才晋升和评价机制

首先，在公司内部进行人才盘点工作，对员工的能力水平进行较为客观、全面的摸排。通过对干部、员工不同层面的人才盘点，分析出核心人才和管理继任者梯队，为变革期间企业能够更快、更详细地了解人才结构和水平提供了参考。

其次，在规范晋升发展序列的基础上明确晋升考核标准。将岗位和薪酬序列

与专业岗位的发展对应起来，确保各专业岗位均可以在自己的通道上获得晋升。同时，制定了晋升考核起始要求，通过积分制进行累计评定。员工可结合各自具备的条件获取积分，达到对应的要求即可进入晋升考核候选名录。同时，对各专业的考核标准进行进一步梳理后形成指导性文件，既能让员工对照考核指标自评，又可以供管理者进行决策。

最后，结合不同序列的专业特点，设定不同类型的晋升考核形式和方法。管理序列考核结合管理者本身的胜任能力和管理幅度、沟通覆盖面，将考核述职与民主测评相结合，并通过面试评价等方法，更为全面地对管理晋升进行考核。而对于专业类和技术类岗位，主要考核人员的专业技能掌握程度和对应的资格水平。在晋升考核中创造性地与技能大赛相结合，促进个人能力的展示。

（三）企业行为文化构建路径

1. 领导以身作则、率先垂范

企业文化发展的方向和目标在一定程度上来讲，实际上是企业领导者的价值理念的具体体现，而领导者个人的文化素质修养，往往决定着企业的文化建设水平。从这一角度来讲，领导者在企业文化建设推动过程中发挥着核心作用，因此，企业的领导者也要与时俱进，不断提高自己的文化素养和综合能力，以身作则，身体力行地践行企业文化的发展理念，并且要严格按照企业文化建设要求、行为规范等约束自己，对违反企业价值观的行为严肃处理、绝不姑息。另外，要积极发挥榜样的力量。员工的言行很容易受到周围环境和人、事、物的影响，所以企业要善于在基层员工中树立典型，创造追赶超越的良好氛围。例如，定期开展先进人物的评选活动，并通过对内或对外的渠道大力宣扬先进人物的典型事迹，以带动更多员工积极践行企业文化精神，将企业文化精神诠释得更加透彻。

2. 制定企业文化建设计划

针对企业文化建设工作缺乏统一规划的问题，各企业可从以下五方面入手，制定年度企业文化建设方案。

（1）计划内容上

各企业一方面需要结合年度企业文化建设的总体要求，另一方面要对企业年度经营管理计划和管理过程中发现的问题进行统一梳理；既要丰富企业的文化生活，又不给员工带来负担。在此基础上制定年度企业文化建设方案和实施节点，并要求有关部门按计划组织开展。

（2）计划管理上

需充分发挥企业文化管理小组的职能，将企业文化小组成员充分结合起来，合理分工、充分调研、保持沟通，在总体计划基础上针对各单项活动细化执行落地方案，保障年度计划的充分实施。

（3）计划宣传上

一旦明确方案内容，需及时取得各企业高管对方案的认可与支持，并组织开展年度企业文化建设启动仪式，请高管领导和员工代表进行发言，号召全体员工支持和落地年度企业文化建设工作，从领导层面自上而下开展年度企业文化建设工作。

（4）计划预算上

企业需要针对规划中各板块的情况、各项活动的情况、各部门工作开展的情况制定总体的预算投入计划，提供工作开展的后勤保障。

（5）计划实施上

企业要根据实施过程中具体工作的开展情况，及时复盘分析、及时纠偏完善，促进年度企业文化建设工作合理、有序、健康地发展。通过对年度企业文化建设方案进行统一规划、实施，能够在企业内部形成企业文化建设工作合力，提高从上到下的认同度、参与度和接受度，真正将企业文化建设落到实处。

3.搭建员工培训和学习平台

一个优秀的企业之所以能够持续保持竞争力，关键在于构建学习型组织。由此可见，企业在员工的学习培训方面应加强力度。

第一，为广大员工营造良好的学习氛围，通过环境影响提升员工自主学习的主动性和自觉性。首先，要为员工提供一个合适的外部环境条件，即固定的学习场所，以及相关的学习资料；其次，专门制定一些鼓励员工自主学习的政策和措施，加强引导，对取得良好学习效果的员工进行一定的物质奖励；再次，按期组织或开展有关专业知识的技能竞赛，以赛代练，以练促学，不断提高员工自我提升、自我学习的意识；最后，加大力度引进更加先进的新技术、新工艺、新方法，让员工们在创新的生产技术和管理理念中充分发挥学习的主动性，在学习中提高和完善自己，并增强自己的技能水平，帮助企业更好地发展。

第二，构建完善的培训体系，全方位、多角度地提高员工的素质能力。企业应当充分考虑到各岗位的实际需求及员工的工作能力和性格特点，建立健全一套完善的培训管理体系。企业尤其要更多地考虑基层员工的培训需求，让普通员工也享有和各级管理者一样优质的学习机会和培训平台。

4. 丰富员工业余文化生活

企业应专门成立工会组织，为员工提供完善的环境管理设备设施，并组织人员参与环境管理，企业应适当拨款给工会，确保工会组织能够合理有度地开展丰富多样的员工活动，将工会组织打造成爱护员工、维护员工权益的员工之家，充分发挥其在员工与企业间的润滑作用。广泛开展诗歌朗诵比赛、文化演讲比赛、登山比赛、趣味运功会、文艺晚会等文化活动，丰富员工的业余精神生活，提高员工满意度，使他们形成对企业业余文化生活的深刻认同。

5. 完善沟通协调机制

第一，丰富企业内部不同部门之间的沟通方式，避免企业的信息传递经过多个层级，建立直接有效的决策、传播和反馈途径。

第二，将员工纳入企业重大事项决议当中，并建立健全相关制度予以全力保障，如员工代表大会制度、民主评议干部制度、重大问题听证会制度等，为更多的员工创造表达自己的意见和建议的有效途径，提高员工的参与感和集体荣誉感。

第三，理顺职能部门与业务部门的组织结构关系。企业要根据实际情况优化内部组织结构，加强各业务部门与职能部门的直接沟通。各部门的负责人要发挥其主观能动性，鼓励员工跨部门合作，通过各种正式或非正式的活动维持各部门之间的联系，促进企业文化建设的内容在企业各个部门顺利落实。

6. 巩固团队文化建设

企业的发展离不开团队的建设与打造，优秀的团队应该有清晰的目标、相互的信任、过硬的技能及良好的沟通等关键因素。企业应在合理打造榜样人物的同时，注重团队的发展与建设，结合团队成员的不同能力与性格，合理进行团队任务的分配。

（1）发现员工的闪光点

每个人的身上都存在着很多的优缺点，要相信瑕不掩瑜，只是在职场上缺少了伯乐慧眼识才。其实每个员工的身上都有其内在的潜能和优点，我们往往只看到业绩优秀员工的强大光环，却看不到其他员工身上的长处。企业的管理者应该善于发现员工的优点并合理使用人才，不要让员工在长期的否定中失去信心与自我，同时及时发现员工的成长与进步，不要让员工的才华被埋没。企业管理者应根据员工的才能合理安排工作岗位，有的员工适合冲锋在前，而有的员工更适合在后方做好辅助工作。只有真正让团队成员优势互补，才能充分发挥团队的优势与价值。由此可见，善于发现员工身上的闪光点对企业的团队发展与文化构建来说至关重要。

（2）合理运用团队拓展渠道

除在企业内部以日常工作交流的方式让团队成员之间增进认识、交流情感、提升默契配合度外，近年来，户外团队拓展的破冰游戏越来越得到广泛的认识与关注。企业应顺应当下时代发展的潮流，为员工提供一定的团建经费支持，在不影响正常工作的情况下，开展如真人CS、高空探险等经典有趣的团建游戏项目，进一步加强员工对企业的认同感和归属感，促进项目内部员工之间的沟通合作。活动的举办方应紧密结合员工的兴趣爱好和年龄层次，选取合适的户外场地，以寓教于乐的游戏活动方式锻炼员工的反应能力和默契，而不是仅仅将团建时间用于聚餐，丧失了团建的真正目的。员工能够在此活动中，加深对团队成员的认识与了解，增进情感与友谊，为进一步打造和谐高效的团队文化奠定基础。

7. 积极培育企业执行力文化

执行力是近年来在企业界、知识界被广泛关注和使用的一个重要热点，集中体现在员工工作完成度和实效性上。企业的执行力是指在企业的各个层面、各业务决策部门、各岗位上的员工都能够有效地执行企业的战略决策、政策、制度、方案和计划，并共同努力达到企业的战略目标。因此，对于企业来说，科学培育企业执行力文化，是极其重要的。

（1）培养优秀的基层管理者

基层员工的执行力与企业的发展建设息息相关。对基层管理人员来说，光有良好的表现是远远不够的，要通过集中培训、进修、网上学习、项目轮岗交流等方式，引导他们在熟悉岗位基础工作内容的同时，学习现代企业管理知识，掌握管理技能和领导艺术，不断提高企业的指挥能力、沟通协调能力和专业管理水平。同时，给予基层管理者良好的薪资激励和晋升空间，增强其团队管理的主观能动性。通过以上保障措施，能够更好地为企业培养优秀的基层团队领导者，进一步强化基层管理建设，能够让员工信服并全身心地听从团队管理者的意见和建议，合力促进团队成长与企业发展。

（2）树立"严、细、实"的工作作风

企业的管理者在完成工作任务的下发分配后，应将工作的重心放在工作监督上，应及时完善工作进度表，明确每个环节的完成标准，及时掌握工作中的新情况，以便及时发现问题和解决问题。

倡导树立"严、细、实"的工作作风，就是要求企业的每位员工都能以一种精益求精、一丝不苟的工作态度落实管理层高标准、严要求的工作任务，使企业能够持续、安全、健康、稳定、快速地发展，只有这样，才能真正体现出一个企业强大的执行力。

企业的管理层要善于在错综复杂的工作任务中寻找思路，突出主要问题，突出主要矛盾，突出重点，促进整体发展；要对项目的执行情况进行及时的监督，对项目进度进行全面跟踪，对存在的问题进行解决和推进；要全面地处理、分析各种信息，找出问题的根本原因，并制定相应的措施，以保证各项政策的执行；应杜绝"差不多"的观念，确保目标任务的达成，营造企业高标准的执行力文化。

（四）企业物质文化构建路径

1. 打造"员工之家"

"员工之家"建设既是物质文化建设的主要方面，也是员工沟通交流与高效工作的重要阵地，而企业对员工阵地建设不够重视，满足不了员工的学习与工作需求，因此企业应加大"员工之家"阵地建设力度，加强物质文化建设，为员工创造良好的文化环境与氛围。

2. 深度策划文化活动

文化活动是企业文化的一种外在呈现方式，在践行的过程当中，需要充分重视文化活动开展和员工之间的匹配程度，动员员工积极参与到文化活动当中，并且加强对文化活动的理解，让其能够自愿投身于企业文化建设。在文化活动策划的过程当中，需要在各项规章制度的基础之上，丰富活动内容，拓展活动形式，动员员工积极参与其中。从文化活动的内容角度来看，需要将思想性活动和技术性活动进行有效的融合，激发员工参与文化活动的兴趣，同时在此基础之上，进一步拓展如球类运动、摄影比赛、影视会、运动会、下棋比赛等多项娱乐性活动，让员工能够在工作之余放松自己的身心，同时可以拓展团体旅游、节日问候、生日慰问等多种福利形式。任何文化活动的开展都不能变成花架子，而是应该拥有明确的主题，同时使主题能够与企业发展现实相呼应。

3. 搭建企业文化网络信息平台

企业文化建设是一个潜移默化的过程，能够对员工的价值观和行为进行有效的引导，所以企业文化建设对于企业发展来说十分重要。在企业文化建设过程中需要搭建企业文化网络信息平台，通过平台的构建让各项活动能够在平台中进行展示。

第一，企业文化网络信息平台需要设置信息速览。针对企业文化建设的相关热点话题进行重点呈现，彰显企业文化建设的决心。

第二，平台运行当中需设置问题库。企业文化建设从来都不是一蹴而就的，设置问题库能够针对不符合企业文化建设理念的行为问题进行呈现，通过自我监督来更好地起到警示作用。

第三，平台需要设置美誉库。企业可以利用美誉库来全面呈现企业文化建设中的各种有效成果，同时号召员工积极参与到企业文化建设过程当中。

企业文化建设是在摸索过程中不断前进的，通过平台建设对各种文化成果进行有效展现，能够更好地提高团队的凝聚力，同时，通过企业文化理念的呈现，能够更好地落实各项文化建设职责，号召全体员工共同参与其中。

第四，通过平台进行网络调查。网络调研主要是通过线上匿名的方式进行，这样不仅能够节省大量的时间成本，而且还可以利用网络的便捷性，扩大调研的覆盖面。

第五，平台中需要设置"我的家园"。企业和员工是利益相关者，一荣俱荣、一损俱损，平台建设过程中设置"我的家园"能够更好地宣传企业文化建设的先进事迹及模范代表，提高企业文化的号召力，让更多的人能够参与其中。

第六，按照积分的多少来进行形象符号标记，每月评选月度发现之星和评论之星。

第四章　企业文化的传播

本章分为企业文化传播的内涵、企业文化传播的要素、企业文化传播的时机与过程三部分，主要包括企业文化传播的概念、企业文化传播的特点、企业文化传播的必要性、企业文化传播的渠道、企业文化传播的要素、企业文化传播的时机、企业文化传播的过程等内容。

第一节　企业文化传播的内涵

一、企业文化传播的概念

传播是指传送与散布，可以传播知识，可以传播文化，也可以传播信息，一切可以传播的东西都可以通过传播的方式进行传送与散布。传播也包括很多类型，有自我传播、人际传播、群体传播、组织传播、大众传播等。各种类型的传播都有自己的特点，比如自我传播的特点就是人类在人体内部进行传播的活动，人际传播的特点就是人与人之间社会关系最直接的体现，组织传播的特点是具有一定的规模性和组织性，我们所说的企业文化传播就是一种组织传播。

企业文化传播的概念是，企业文化在员工之间散布，让员工体会并实践企业文化。企业文化传播具有组织传播的典型特征，即具有一定的规模性和组织性。在企业文化的传播过程中，企业会组织员工学习企业文化，方式也多样化，有一定的规模，企业一般不会对一个员工进行企业文化培训，而是会对一批员工进行企业文化的培训，体现了企业文化传播的规模性和组织性。员工在组织传播中学到了企业文化的精髓，和企业领导人有了共同的核心价值观，对企业精神和企业制度也有了更深层次的体会，这时，企业文化传播的目的就已经达到了。当然，员工还可以在工作过程中向其他外部人员传播企业文化，达到企业文化更广范围的传播。

简而言之，企业文化传播是指通过传播工作组织化、传播主题专业化、传播载体多样化、传播内容可视化等，构建起企业内外部宣传、推广、渗透企业文化的立体传播体系。企业通过各种传播途径将自身的愿景、使命、价值观、企业精神和品牌形象等信息传达给员工、供应商、客户和社会公众，不断增强企业文化的影响力和渗透力，推动内部员工和各方利益相关者对企业文化产生认知和认同感。

二、企业文化传播的特点

企业文化传播有其独有的特点。企业文化是物质文化、精神文化、行为文化和制度文化的结合体，传播的特点可以归结为物质文化传播特点和精神文化传播特点，行为文化和制度文化特点处于物质文化传播特点和精神文化传播特点之间。物质文化传播特点和精神文化传播特点是两种截然不同的文化传播特点，必须分开讨论才有意义，所以下面我们讨论的是物质文化传播特点和精神文化传播特点，而行为文化传播特点和制度文化传播特点可以根据实际需要归类到物质文化传播特点和精神文化传播特点中去。

（一）物质文化传播特点

企业的物质文化是企业文化的外在形式，它通过企业的产品、设备等物质及员工行为、员工劳动成果等表现出来，是可以感知、可以观察、可以触摸到的企业文化。企业物质文化可以很容易地传播，可以通过学习或者模仿其他企业获得，输入和输出也比较容易，可传播性很明显。

企业物质文化的传播特点如下：

1. 物质性

企业物质文化由存货、固定资产、投资性房地产等构成，物质性很明显，肉眼可见，很具体和形象。

2. 显示性

企业物质文化一般可以显示出来，可以用眼睛观察，可以用手感知，显示性很明显。

3. 可变性

企业物质文化是可以变化的，企业物质文化悬浮在企业文化的表面，会受到很多因素的影响，所以可变性很明显。

（二）精神文化传播特点

企业精神文化是企业文化的内在形式，是与物质文化相对应的。企业精神文化和企业物质文化有很大的区别，企业物质文化是通过企业的物质表现出来的，而企业精神文化是通过人们的情感和思想表现出来的。只可意会、不可言传是企业精神文化总的特点，其具体特征表现如下。

1. 不可言传性

企业精神文化内容中总有一些只可意会、不可言传的内容，包含着很多"隐性知识"，和"显性知识"相对应，"显性知识"是人们可以用言语表达出来的知识，而"隐性知识"是人们用语言表达不出来的知识。对于人类来说，人类知道的知识远远比能够说出来的知识多，这些说不出来的知识就是"隐性知识"。虽然"隐性知识"说不出来，但是根据英国科学家、哲学家波兰尼（Polanyi）的知识形态分类，精神文化内容中有很大一部分属于"隐性知识"。虽然"隐性知识"很难用语言表达出来，但是它影响着人们的思维和活动，决定着人们的认知，所以企业精神文化传播具备只可意会、不可言传性。

2. 多样性

相对于企业物质文化而言，企业精神文化的传播具有多样性，这是由企业文化的系统性决定的。首先，企业文化联系着企业内部不同的部门和不同的层次，这些不同部门和不同层次组成了一个有机的整体，成就了企业精神文化的多样性。其次，企业的物质文化、精神文化、行为文化和制度文化也是相互作用、相互联系的。精神文化中体现着物质文化、行为文化和制度文化，这也使得企业精神文化呈现多样化的特征。最后，企业文化的形成和建设需要相当长的时间，是一个很复杂的过程。企业员工的共同价值观在短期内形成也是不现实的，企业精神文化具有的内涵远比企业物质文化丰富，不可能通过一种方式就能有效地进行传播，这也决定了企业精神文化具有多样性的特征。

3. 情境性

正是因为企业精神文化的只可意会、不可言传性，所以企业精神文化的传播需要遵循"隐性知识"的特点，而"隐性知识"的典型特点之一就是"实践性"，也可以说是"情境性"，即在特定的情境中解决问题的能力。"情境性"就是在遇到特定情境或者问题的情况下，发挥"隐性知识"的作用，将隐性知识和特定的情境或者问题联系在一起，解决情境中遇到的问题，这就是利用隐性知识的情境性解决问题。企业精神文化以隐性知识为主题，所要传达的基本上都是人们无法用言语表达的东西，只能在情境中意会和言传，所以企业精神文化的传播需要情境的支撑。

4. 个体性

同样一件事情，不同的人有不同的看法，企业精神文化也是。同样的企业精神文化，领导者和员工的理解是不一样的，每个员工的理解也是不一样的，这主要取决于每个人生活的环境不同、人生阅历也不同，所以对企业精神文化的悟性也不尽相同。每个员工都是通过自己的经验理解企业精神文化的，就算可以在理解的过程中进行交流，没有同样的阅历，人们的理解也不一样，这就注定了企业精神文化具有明显的个体性，每个个体都对企业精神文化有自己独特的见解。企业精神文化具有情境性，就算在同样的情境下，不同个体对企业精神文化的领悟也是不一样的。

三、企业文化传播的必要性

企业文化只有经过有效的传播才能对企业、对员工起到作用，通过传播将企业文化中的理念和价值观融入企业管理中、融入员工工作中，才能促进企业的发展和员工的进步。企业文化可以为企业发展提供一个健康的环境，而环境对于企业发展和员工进步是非常重要的，只有环境健康了，环境之下的企业才会健康；企业文化可以提升企业形象，只有企业形象提升了，企业才能获得更多的经济效益，才能在市场竞争中取得更高的地位。

在企业文化建设过程中，传播处于最基础的地位，是企业文化最根本的内容。在传播的背景下，企业文化才有意义。没有传播，企业文化形同虚设；没有传播，企业文化就是空中楼阁；没有传播，企业文化就只是企业领导人自己的文化。企业文化只有经过了传播，才能变成企业领导人和员工共同的文化。

四、企业文化传播的渠道

（一）大众媒体传播

企业文化在对外部传播时，尤其要善于借助以大众媒体为依托的大众传播的巨大力量来取得更好的效果。通过企业广告传播企业文化、塑造企业品牌，首先要使设计咨询机构能够充分理解企业文化的核心实质，才能够在设计中体现企业精神，使传播活动充满文化底蕴。

（二）公共关系传播

公共关系学研究的是塑造和传播组织形象。企业作为社会组织，也需要通过公共关系传播自己的企业文化。利用公共关系对企业文化进行传播，主要采用两种形式：一是专题活动，二是公益活动。我们在这里主要研究的是专题活动，专题活动也叫制造新闻，或者说是新闻炒作，是公共关系传播中最常用的宣传手段。它是在已有的事实基础上，利用创造性思维设计出能引起轰动效应的专门活动，把企业文化与公众关注的话题联系在一起，与名人、学者、专家联系在一起开展能够引起轰动效应的专门活动，并结合大众媒体的传播，达到宣传企业文化的目的。

第二节 企业文化传播的要素

企业文化传播需要各种要素，缺少某种要素，企业文化就无法传播。传播要素和其他要素之间的联系构成了传播模式的"点"和"线"，各个要素是"点"，各个要素之间的联系是"线"。"点"和"线"之间的相互作用，造就了企业文化的传播。

一、传播者

企业文化传播的第一个要素是传播者。传播者处在传播的第一个环节，传播者传播的内容应具有可信性，传播者也应具有可信性，如果在企业文化传播的第一个环节就出了问题，那后边的环节也会出问题，所以说第一个环节很关键。企业文化的传播者主要有以下几类。

（一）企业领导层

企业文化就是企业领导层倡导的，所以企业领导层是最主要的传播者，对企业文化传播起着很大的作用。一方面，在一定程度上，企业领导层的形象代表着企业的形象，企业领导层的形象好了，公众就会认为企业的形象好，企业领导层无形之中就传播了企业文化和企业形象。另一方面，企业文化首先是由企业领导层提出来的，在企业领导层的头脑中诞生，然后再通过一定的途径传播给员工，成为员工头脑中的企业文化，企业领导层具有可信性和权威性，所以可以充当企业文化最主要的传播者。企业领导层具有的特征详述如下。

1. 可信性

对于企业领导层来说，可信性是很重要的。如果企业领导层缺乏可信性，说的话没有人信，那他们也当不了企业文化的传播者，因为他们可以充当企业文化传播者的前提就是他们说的话能让员工相信，他们做的事能让员工信服。企业领导层要具备特别高的可信性，这种可信性是出于员工内心的。企业领导层一定有别人无法替代的个人魅力，员工才愿意追随企业领导层，认为企业领导层的个人魅力可以征服他们，即使企业遇到危机，员工也愿意追随企业领导者，和企业共患难，这就是可信性的魅力。无论企业处于什么样的境地，员工都愿意追随企业领导者，和企业领导者相处的时间越长，他们就越会被企业领导者征服，企业领导者传达的东西都会进入员工的脑子中生根发芽，进而体现在员工的行动中，所以才会有"有什么样的领导者就有什么样的员工"的说法。

2. 权威性

企业领导层是具有权威性的，员工会听从他们说的话，这使他们在无形中有一种力量，让员工听从。企业领导层的权威性越大，企业文化的传播就越具有有效性，员工就能接受得越快。企业领导层的权威性和权力成正相关，企业领导层的权力越大，企业文化的传播越有效；企业领导层的权威性和地位成正相关，企业领导层的地位越高，企业文化的传播越有效。比如通过企业董事长传播的企业文化就比通过总经理传播的企业文化更容易被员工接受，因为董事长的权力大、地位高，在员工心中更具有权威性。如果企业领导层是通过个人的努力奋斗坐上领导位置的，员工会更信服，企业领导层的权威性更大。

（二）企业文化传播部门

有的企业有专门的企业文化传播部门，企业文化传播部门作为传播者，其传播的内容一般也是比较有效的。

1. 广告部门和公关部门

广告部门和公关部门都是对外的部门。广告部门主要通过给企业产品打广告的方式提高产品知名度，让公众通过广告了解产品的性能和优势，进而购买企业的产品，购买产品的客户越多，企业的知名度就越高，对社会公众的影响就越大。公关部门主要是对外塑造企业形象的。企业形象对于企业来说是很重要的，公关部门就是通过各种方式打造企业在公众面前的良好形象。除了对外塑造企业形象，公关部门还负责企业内部的协调，通过对企业内部的协调，彰显企业在外部的良好形象。广告部门和公关部门也是具有一定的权威性和可信性的，通过他们传播的企业文化也比较容易为公众所接受。

2. 传播顾问和解说者

在企业文化传播的过程中，传播顾问的角色很重要，他们负责企业文化的传播；解说者的角色也很重要，他们负责企业策略的宣传等工作。传播顾问和解说者的角色在企业中缺一不可，否则就会影响企业的正常运行。

在企业文化的传播过程中，传播者增加与受传者的接触频率，就会让受传者产生一种"熟人"的印象，觉得和传播者比较亲近，传播者传播的内容就会让受传者比较容易接受。如果传播者直接与受传者接触，那就更能增加受传者和传播者的熟悉度，更有利于企业文化的传播。但是这并不意味着传播者和受传者的接触次数越多，企业文化的传播就越有效。传播者和受传者的接触需要保持在一定的范围内，才利于企业文化的传播，如果接触超过一定限度，受传者就会感到厌烦，而且如果第一次接触的印象很不好，后面接触得再多也不会给受传者留下好印象。

此外，传播顾问和解说者的专业知识比较扎实，他们在文化传播方面就会具有权威性和可信性。如果传播顾问和解说者是受传者心目中值得信任的专家，那传播效果就会更加有效，这也是为什么如果有相关领域的专家学者传播企业文化，受传者的接受度就比较好的原因。

（三）英雄模范人物

如果在一个企业中存在英雄模范人物，那么这个企业的企业文化建设就是比较成功的，就能为企业文化建设的进一步开展打下良好的基础。企业的英雄模范人物为员工的工作树立了一个榜样，员工从内心敬佩英雄模范人物，在心理上崇拜他们，在行为上模仿他们。英雄模范人物的言传身教，就是对企业文化最好的传播。

英雄模范人物在企业文化传播过程中的作用如下。

1. 具体化的作用

企业的英雄模范人物是企业文化的具体展现，是企业精神的具体化身，从而以一种具体化的形象向员工传达了企业文化，达到企业文化传播的目的。

2. 品质化的作用

企业的英雄模范人物将企业文化内化到自身品质上，企业文化中最经典的东西在企业的英雄模范人物身上得到展现,企业文化中最珍贵的品质将在英雄模范人物身上得到发扬和传播。

3. 规范化的作用

企业的英雄模范人物用自己的实际行动展示给全体员工如何做才是正确的,员工将企业的英雄模范人物当作榜样,从而透过英雄模范人物的行为来审视自己的行为,使企业文化得以传播。这种规范行为不是强迫的,而是发员工内心的,员工从内心中想向英雄模范人物学习,也使企业文化在无形得到了传播。

4. 凝聚化的作用

员工对企业的英雄模范人物还是比较敬佩的,每个英雄模范人物周围都有一批崇拜者,在这种氛围中,公司会更团结。英雄模范人物不仅起到了文化传播的作用,而且还起到了凝聚化的作用。

5. 形象化的作用

企业的英雄模范人物在一定程度上代表着企业,是企业形象的一个重要的组成部分,通过企业的英雄模范人物,社会公众可以了解企业文化,进而实现了企业文化的外部传播。

(四)普通职员

企业中的任何一个职员对企业文化的传播都有一定的作用,都可以作为企业文化的传播者。企业中的任何一个职员,除了在企业中的工作之外,都要参加其他的社会活动,他们在社会活动中的表现,都体现了个人的素质,而员工素质的体现也正是企业文化的展现和传播。这种传播不是主动传播,而是一种客观传播。比如超市的收银员在收银时热情友好,那这个超市的企业文化一定是健康向上的;如果超市的收银员对待顾客冷漠生硬,那么给顾客的感觉就是这个超市的企业文化没有那么健康向上,这就是客观传播的效果。职员表现好,可以给企业文化做正面传播;职员表现不好,就会给企业带来负面和消极的影响。

二、受传者

受传者是企业文化传播的第二个环节,传播者将企业文化传播给受传者,受传者主要是接受企业文化的一方,这个环节也很重要。受传者接受企业文化的效果怎么样,关系到企业文化传播的效果怎么样。

企业文化传播包括内部传播和外部传播两个方面。企业内部传播的受传者一般就是企业的员工，企业文化在员工心目中的地位是很重要的，毕竟在工作过程中，员工都要遵守并践行企业文化。通过企业领导层传播企业文化，员工作为受传者接受企业文化，并将企业文化内化在思想中、外化在行动中。员工在扮演受传者角色的同时，也在扮演着传播者，具有双重角色。

企业文化外部传播的受传者是社会公众。社会公众不同于企业的员工，他们不在企业中工作，不会对企业文化做专门和长期的研究，他们关心的只是和这个企业有关系的某个方面，只通过这个方面去认识企业，如果他们关心的某个方面企业做得很好，他们就会觉得这个企业的形象很好。此外，企业文化传播的受传者不仅包括社会公众，而且还包括相应的政府部门、与该企业有合作关系的其他企业等。

三、信息

信息＝意义＋符号。企业文化传播的载体是符号，传播的渠道是媒介，传播的内容是企业文化，所以说企业文化的传播也是一种信息的传播。企业文化传播的信息包括两个层面的内容，分别是企业文化的思想体系层面的信息和企业文化的媒介层面的信息。

（一）企业文化的思想体系

企业文化的思想体系是指企业共同的价值观和行为准则。价值观是指正确评价事件的基本观念，行为准则是指做一件事情应当遵循的准则。价值观和行为准则共同构成了企业文化的思想体系。员工要遵循企业的价值观和行为准则，在工作中时刻以企业共同的价值观和行为准则约束自己。

（二）企业文化的媒介

企业文化的媒介指的是象征，象征指的就是信息，即有意义的符号，这是企业文化传播的重要媒介。企业文化的媒介有利于加强员工对企业共同价值观和行为准则的认识。企业文化传播的媒介是多种多样的，包括歌曲、戏剧、文体活动等，只要能有效传播的媒介都是值得采用的。比如企业可以将欢迎新员工的仪式当作企业文化的媒介，还可以把表彰优秀员工大会作为企业文化的媒介，也可以将企业组织的春节联欢晚会作为企业文化的媒介。企业可以任意选择，觉得哪种传播企业文化的媒介最有效，就可以使用哪种媒介。

四、传播载体

传播者和受传者之间的文化传播需要传播载体。传播载体是连接传播者和受传者的有效途径，对于企业文化的传播起着关键作用。企业文化的传播载体主要有如下几个方面：第一，企业组织载体，是指企业中各种正式和非正式的组织和全体员工。第二，企业环境载体，包括可视环境和精神环境。可视环境是指办公环境、现场环境；精神环境是员工素质、企业形象、员工精神面貌。第三，文化活动载体，是指企业经营过程中举办的各种活动，包括知识竞赛、演讲比赛、歌咏比赛、运动会等。第四，文化媒介载体，是指办公用品、电子邮件、手机短信等。第五，文化设施载体，是指娱乐设施等。通过这些传播载体，企业文化可以得到有效传播。

五、反馈

企业文化传播完成以后，要有反馈，即受传者要给传播者传回少量信息，反馈也是有一定作用的。反馈可以帮助传播者检验传播的效果如何，可以为下一次传播提供一定的改进建议；反馈可以让传播者了解自己的传播是否成功，进而激发他们的传播热情；反馈可以帮助传播者检验受传者接收的信息是否准确。反馈连接着传播者和受传者，可以实现传播的双向循环。在企业文化的传播过程中，反馈也是很重要的一个环节。缺少反馈环节，传播者就不知道自己传播内容的对错，受传者就不知道自己接受内容的对错，因而就无法激发传播者的传播欲望，也无法激发受传者接收信息的兴趣。

企业文化内部传播的反馈均来自员工，企业文化内部传播的目的是使员工拥有共同的核心价值观，遵守企业的规章制度，践行企业文化，而员工的接受程度怎么样，就需要员工进行反馈。每个员工对企业文化的理解不同，对企业文化的接受度也不一样。如果员工接受程度好，那传播者就可以按照以前的方式传播；如果员工接受程度不好，那传播者就需要改变之前的传播方式。

第三节　企业文化传播的时机与过程

我们做任何事情都要有合适的时机才能做好，企业文化的传播也要有合适的时机，这样才能保证企业文化的传播效果。

一、企业文化传播的时机

有一句很经典的话叫"机不可失，时不再来"，这句话告诉我们时机是很重要的，失去了之后，就不知道什么时候再回来。时机也不是一直存在的，具有偶然性的特征。企业文化传播的时机也不是一直存在的，只有抓住好时机，才能让企业文化更高效地传播。下面介绍几种企业文化传播的关键时机，对提高企业文化传播的有效性有着重大的意义。

（一）兴奋点

当人们对一件事情特别关心、特别关注时，会在思想上产生一定的兴奋点。当人们特别兴奋时，思维也会变得活跃起来，接受新事物也会变得更容易。每个人的兴奋点不一样，有的人因为一件很小的事情就会变得兴奋，有的人因为很大的事情才能兴奋起来。人们会兴奋不只是因为自然发生的事情，还可能是企业制造出来的事情以引发员工的兴奋点。比如，社会上发生不诚信事件的时候，企业可以开展关于诚信的讨论，激发员工的诚信兴奋点；社会上发生不勤勉事件的时候，企业可以开展关于勤勉的讨论，激发员工勤勉的兴奋点。在企业文化传播过程中，企业要注意激发并把握员工的兴奋点，以有效传播企业文化。

（二）危机事件

每个企业在发展过程中都会遇到一些危机事件，如果能从容不迫地解决危机事件，那就是对企业文化最好的传播。企业发展过程中遇到的困难和危机并不可怕，可怕的是企业的领导人和员工不能同心协力。如果企业领导人和员工的心能拧成一股绳，多大的危机也能度过。在危机中传播的企业文化是最令员工印象深刻的，所以危机事件中传播的企业文化效果最好。

（三）典型对比

好多企业在发展过程中会抓典型，通过抓典型形成鲜明的对比，让员工知道什么是本企业的企业文化。践行本公司企业文化的可以作为典型，违背本公司企业文化的也可以作为典型，而且典型的内容是不限的，可以是事物，也可以是人；可以是本公司的产品，也可以是本公司的服务；可以是员工个人，也可以是一个部门。典型包括好的典型，也包括不好的典型。通过好坏典型的对比，员工对企业文化就能理解得更深刻，企业文化也能得到更有效的传播。

（四）企业变动

企业在发展过程中，发生变动是不可避免的。企业变动也是进行企业文化传播的一个良好时机，因为在企业变动过程中，会伴随一定程度的改革、一定程度的人员调动、一定程度的战略调整等。在企业变动的过程中也必须遵循企业文化，践行企业的核心价值观和行为准则，将企业文化体现在行动中，这样员工就会对企业文化有更深刻的理解，传播企业文化也会起到很好的效果。

二、企业文化传播的过程

企业文化的传播过程分为内部传播和外部传播。内部传播主要就是对员工的传播，内部传播的方式一般是比较随意的，可能在开会中传播，可能在专题课中传播，还可能在企业的网站上传播。传播方式多种多样，在潜移默化中让企业文化内化在员工心中，外化在员工的行动上，让企业文化在员工的心中生根发芽，为员工的行为提供一定的依据。外部传播主要是对顾客和社会的传播。外部传播的方式就比较少了，一般会在产品发布会上向公众传播，让顾客认识产品的同时也了解企业的文化，这是最直接的一种方式。还有一种间接的方式就是通过企业的员工进行传播，企业已经通过内部传播将企业文化的精髓介绍给员工，员工在接触顾客和社会公众的时候，会有意无意地展示自己的企业文化，顾客或者社会公众通过员工的言行可以体会到企业文化的精髓，从而接受企业文化，这就是考验企业文化内部传播效果的时候。企业文化的推广和传播，对内，可以促进企业全体员工对企业愿景、使命价值观和行为准则的理解和认同，增强企业的凝聚力；对外，可以增进企业与股东、供应商、政府、社会、消费者等利益相关者之间的良好沟通和互动关系，树立独特的社会形象，不断提升品牌的知名度、美誉度与忠诚度。

（一）企业文化的内部传播

企业文化的内部传播主要是企业领导层对员工的传播，可以分为三个阶段：第一个阶段是企业领导层提出企业文化的价值观念，第二个阶段是让员工认可并接受企业领导层提出的企业文化价值观念，第三个阶段是员工将企业文化价值观念内化于心并外化于行动。经过这三个阶段，企业文化就得到了有效的内部传播。企业文化内部传播的意义就是让员工将企业文化作为自己的核心价值观和行为准则，当遇到问题的时候可以用企业文化解决，把企业文化转化成行为习惯。

通常，企业文化内部传播主要包括企业文化培训、文化实践活动开展、企业制度与文化匹配性的建立、视觉识别系统建设等内容。

企业文化的内部传播要注重其有效性。那何为有效性呢？有效性就是指传播者和受传者通过传播行为取得的传播效果。传播效果可以分为两种情况：一种是"顺向转化"，就是指受传者在传播之前就处于积极的状态，传播之后积极状态增强；另外一种是"逆向转化"，就是指受传者在传播之前处于消极的状态，传播之后转为积极的状态。这两种情况都属于传播有效的体现。企业文化传播有效性大致包括以下几个方面：

第一，传播者和受传者都有明确的指向性。传播者和受传者都是具体的个人或团体。

第二，信息的充实性，即所传递的信息内容要客观、真实、丰富、有价值，要易识、易记、易理解，能帮助接收者消除文化观念上的模糊或误解。

第三，传播渠道的多样性和针对性。根据信息的内容和目标公众的特点，选择不同的传播媒介；不同的传播媒介应该有不同的表述与修辞，或者说根据不同接收者要有不同的传播媒体、渠道和路径。

第四，信息反馈的及时性。为了达到传播的目的，受传者对传播者发出的信息应给予及时反馈，以客观地评价传播效果。

（二）企业文化的外部传播

企业文化的传播也会有外部传播的过程，这时，企业文化传播部门和普通员工就成为传播者。企业文化传播部门宣传的主要是企业形象，通过企业的标语、口号等向社会公众传播企业文化。如果企业形象在社会公众心中生根发芽，他们就会购买企业的产品，就会和朋友、和亲人宣传这个企业，这在无形中又传播了企业文化。普通员工对于企业文化的传播主要是客观传播，员工在服务顾客的过程中，可能是热情的态度，也可能是冷漠的态度；可能是专业的态度，也可能是非专业的态度；可能是务实的态度，可能是不务实的态度。员工的态度就在间接传播着企业文化，影响着顾客对公司文化的印象和理解。

企业文化的对外部传播，可以促使企业与股东、供应商、政府、社会、消费者等利益相关者建立良好的沟通与互动关系，树立良好的社会形象，进而不断提升品牌的知名度、美誉度与忠诚度，对外部传播的主要方式如下。

1. 自有媒体

自有媒体主要是指通过建立企业网站和各种平台，对企业形象和企业文化进行传播。平台主要包括微信公众号平台、微博平台等，在这些平台中宣传企业历史、企业运营和企业文化，达到对外部传播的目的。

2. 公众传媒

企业也可以借助公众传媒方式传播企业的文化。公众传媒方式主要包括电视、报纸、网络、杂志等，企业在这些公众媒体上传播企业的核心价值观和主要的文化理念，也可以在这些公众媒体上传播企业的品牌故事和品牌信息，达到宣传企业的目的。这样可以增强消费者的认同程度，也让和企业合作的供应商更了解企业，让社会公众更认可企业文化，无形中扩大了企业的品牌影响力。

3. 案例传播

案例传播主要是指向一些知名机构推荐企业文化的成功案例，知名机构包括高校、媒体、研究机构等。成功案例不限于企业文化，企业管理的成功案例也可以推荐。人们通过这些案例了解企业的文化，让企业文化深入人心，达到对外部传播企业文化的目的。

（三）企业文化从内部传播到外部传播的循环

员工既是企业文化的传播者，也是企业文化的受传者。在外部传播中，员工是企业文化的传播者，前提是员工在内部传播中作为受传者很好地接受了企业文化。员工在认可并接受了企业文化之后，转化为自己的核心价值观和行为准则，在为客户提供服务的时候，就会产生企业文化的外部传播。

在内部传播中，员工接受企业文化后，可以对其他的员工进行传播。员工之间的相互传播可以让员工更深刻地理解企业文化，在员工对外服务时，会将企业文化传播给客户，这样内部传播和外部传播结合起来，构成了企业文化从内而外的传播循环，成为企业文化传播的一个整体系统。

第五章　企业文化与企业创新的关系

企业作为创新的主力，在不断探寻如何高效地提高创新投入的过程中，实务界和理论界发现，塑造企业文化是一条有效途径。企业文化作为一种特殊的无形资源，会潜移默化地影响企业的发展。而每个企业在经营哲学、价值观、企业精神等方面是不同的，这就会使企业形成不同类型的企业文化，而不同的企业文化类型会对企业的管理决策和组织执行产生影响。本章分为影响企业创新的因素、企业文化对企业创新的作用两部分，主要包括影响企业创新的因素、企业文化通过价值观念来影响企业创新等内容。

第一节　影响企业创新的因素

一、影响企业创新的内部因素

（一）股权激励

企业创新能力的高低是一个企业核心竞争力的体现，也是一个企业在激烈的市场竞争中维持可持续发展力的关键。作为现代企业治理手段之一的股权激励，其实施对企业创新能力会产生一定的影响。

股权激励对企业创新绩效的影响原因需要从不同的实施对象进行分析。因为被激励对象在企业中担任的角色不同，其工作内容、工作目标、职业期望和诉求不同，和创新绩效产生关联的因素就会各不相同。虽然股权激励的对象较多，但与企业创新绩效有密切关系的主要是高管和核心技术人员。

1. 高管

根据委托代理理论，代理人和委托人之间由于各自不同的利益出发点对企业经营有不同的期望。代理人希望获得更高的收入和较好的职业前景，而委托人希望自己的投资能有最大的回报、企业的市场价值实现最大化。管理者为了在其任期内快速获得较高回报或者稳定其职业地位，会倾向于做出有利于企业短期绩效而不是长期成长的决定，不倾向做出具有一定风险、回报不确定的决策。而企业创新活动是具有一定风险和一定资产专用属性的活动。当企业创新成功、创新绩效提升后会使企业的相关财务指标提升，并有利于企业的长期价值增加和财富创造能力的提升。如果创新失败，即进行相关投入后在研发产品、申请专利、投放市场等环节中出现了问题，不仅不会对财务指标的提升有促进作用，反而会使这些指标呈现不利的趋势。显性的财务指标恰恰是企业所有者考核高管是否具有较强经营管理能力的主要参考标准，考核结果直接关系到高管的任职资格是否延续、薪酬水平的高低及其在职场中的声誉。为了规避投入创新活动后得不到预期的收益和财务指标的向好，使其职业发展、个人收益等利益受损，公司高管往往倾向于不投入或者少投入创新活动。

对高管实施股权激励可以在一定程度上使高管企业管理者的身份转变为所有者，使其利益和股东利益趋同化，以此缓解委托代理问题，从而做出有利于企业长远发展的决策。尽管企业创新活动有一定的风险和不确定性，创新失败对企业的短期发展可能会有一些不利的影响，从而使其产生波动，但从总体和长期的角度来看，它是有利于企业发展的。股权激励给高管带来的收益附加使其可以提高对创新失败带来的不利影响的容忍度，更倾向于着眼企业的长期发展。行权条件中如果直接含有创新相关指标要求的股权激励方案，可以使高管的利益和创新活动的联系更加紧密，对高管致力创新方面的激励作用会更强。

2. 核心技术人员

核心技术人员作为企业的员工，其收益来源主要为付出劳动获得的薪酬，他们在为企业工作的过程中较为关注自己的报酬和职业发展空间。核心技术人员在收益方面关注的不是绝对平均，而是自己投入时间和精力在工作中后是否获得了与付出程度相匹配的收益，即是否能通过主观的努力提高所获收益。核心技术人员对自己的收益有一个相应的期待值，会不断将所获得的实际收入和心里的预期值进行比较，比较得到的结果将影响其下一步的工作表现。

在没有实施股权激励时，技术人员的薪酬是基于其岗位等级安排的，同一个级别的技术人员在个人业绩考核结果相同的情况下，其收入是相同或几乎无差别的。这样就容易减弱原本主动钻研创新活动的核心技术人员的积极性，而对于那些追求安稳、没有较强的职业进取心的技术人员来说，这样的收入构成容易使其更怠于工作，更没有职业理想，同时降低整个技术团队的工作实绩。在研发活动中尽心钻研的核心技术人员本来就对收入有一个相对较高的预期，当他们经过比较发现自己的实际收入与付出不符或者达不到原本的收入心理预期时，内心就会产生挫败感，会降低其主动性，使其在之后的创新工作中弱化或放弃主观努力。作为创新活动的直接实施者和产出关键者的核心技术人员，在没有合理激励的情况下难以产生从事创新活动的热情和动力。

对技术人员实施股权激励后，他们就具有了经营成果分享者的角色。根据期望理论，技术人员进行创新活动受到的激励是和自己对完成任务概率的评估、完成任务后获得奖励的可能性、奖励对员工的吸引力三个因素密切相关的。第一，股权激励和一般的薪酬激励相比具有回报更多、和员工的努力程度关联性更强及收益期更长的特点，这意味着更高水平的收入和持续性的回报，对技术人员的吸引力是较大的。第二，股权激励方案在经过企业批准公布后是具有很强的兑现性的，只要满足方案中的行权条件，没有特殊情况企业一般都会兑现。技术人员所从事的创新活动是对企业经营业绩有长远的正向影响的，而经营业绩往往被列入股权激励行权条件中公司业绩层面的考核条件中，如果股权激励方案的行权条件中含有创新绩效的相关指标，其行权条件的成就和核心技术人员的工作关联度就更高，其收益的提升和创新主动程度的联系就更紧。总的来说，股权激励就是指股东将一定份额的股权拿来激励企业管理层或核心员工，以及对企业发展做出极大贡献的其他需要激励的员工，以求达到有一定难度的公司绩效指标的一种长期激励计划。完成一部分任务即可解锁对应的股权激励，如果能努力达到所有激励条件即公司的业绩目标被一一完成，那么被激励者便可获得物质经济层面和社会地位提高的奖励，最终公司发展和员工利益被紧紧地联系在一起，从而实现双赢。股权激励是通过捆绑个人利益和企业利益的方式，对可能在企业经营发展过程中起决定性作用的核心员工进行挽留和激励。这不同于日常奖金这种单纯的物质奖励，股权激励同时还具有提高被激励者社会地位的属性。

（二）薪酬公平

人们的工作满意度与他们所受到待遇的公平性密切相关，而待遇公平性最主要的一点就是薪酬公平性。人们对公平性的认知是通过比较得来的，企业雇员通过与他人的比较形成对薪酬的心理预期，而实际薪酬与心理预期之间的关系就决定了对薪酬公平的感知。

企业不断追求技术创新是保持长期竞争优势的关键，但由于创新活动长周期、高风险、难监督的特性，其开展情况与个体创新动机密切相关。薪酬是企业工作者向组织支付个人脑力或体力劳动的经济所得，是利用自身的技术、经验与能力换取的货币收益。理想的薪酬契约能够让管理层与普通员工各尽其职，全力投入创新活动中。

1. 高管外部薪酬公平与企业创新

由于中国上市公司现任董事、监事和高管的薪酬及企业经营状况都被要求对外披露，企业高管可以较为方便地获取其他上市公司的管理层薪酬及经营信息，与之比较产生对薪酬差距合理性的判断，即对自身薪酬公平性的认知，进而引起创新动机的改变，最终影响企业创新活动。在与外部更高薪酬水平的企业高管进行比较时，合理的薪酬差距能激发高管的创新动机，促进企业创新；而不合理的薪酬差距导致的不公平感，将引发负面情绪，抑制高管的创新动机，阻碍企业创新。

2. 员工外部薪酬公平与企业创新

在实践中，创新活动风险高、周期长，即便最后成功，能获取最大利益的也是股东，而员工在此过程中要付出超过常规工作的努力，却较难获得创新成果的奖励，这会导致员工创新动机不足。在企业创新的全过程中，创新思路需要员工主动在提供产品与服务的过程中寻找，创新成果需要员工积极落实创新决策才可能产出。如果员工创新动机不足显然会降低创新表现，而且由于创新活动的黑箱属性，员工在其中投入的努力很难从外部观测，导致他们在创新方面的消极怠工较难被发现或惩罚。为了促进企业创新，必须以恰当的激励措施激发员工的创新动机。

目前，对薪酬契约与企业创新关系的研究普遍重视高管绝对薪酬或高管团队内部的薪酬差距，对员工薪酬的影响较为忽视。而要探讨薪酬激励对企业创新的影响，不能只关注高管薪酬，同样要考虑在创新实施阶段应当如何通过薪酬激励和调动普通员工的积极性，让他们积极参与创新活动，从普通员工视角出发考虑薪酬结构也有重要意义。

（三）企业文化

企业文化是企业稳定发展的内部软环境，也是影响人们行为和思想的软性要素。这些因素可以直接对人们的效用结构和需求层次产生影响，从而也会影响到企业的创新能力。企业创新能力的实现不仅依赖于个体或小团体的独立行为，更有赖于企业的行为，所以，要想使得创新能力得到良好发挥就要在治理企业的过程中不断注入符合本企业文化的概念，从而获得良好的协同效应。

1. 企业文化是创新之源

让企业文化成为和谐之本、创新之源，必须将内容与形式有机融合。只有将"和谐"的理念和价值观内化后通过各种活动和形式表现出来，才是完整的、和谐的企业文化。如果只有表层的形式而未表现出内在的价值与理念，这样的企业文化是没有意义的、难以持续的，所以不能形成文化推动力，对企业的发展产生不了深远的影响。要想让企业文化成为和谐之本，必须改进思想政治工作。在企业深化改革发展的过程中，从上到下都面临许多新情况、新问题，比如个别员工思想不统一、制度不健全等，要想顺利解决这些问题，很大程度上依赖于卓有成效的思想政治工作和企业文化的引领。只有坚持思想政治工作和企业文化的引领，才能保证企业文化建设的发展方向，为企业文化建设提供支持和经验，企业文化建设才有它的"市场"，才能促进企业和谐发展。

在企业文化引领过程中，我们必须认识到，人是生产力中最活跃的因素，人力资源是企业最宝贵的资源，把人看作生产经营中的"第一要素"已是管理者与经营者的共识，承认员工的价值、尊重员工的价值，通过员工价值的实现来达到企业价值的实现是现代企业最重要的特征之一。原有的管理模式已经不适应社会发展的要求，需要通过文化的变革来适应形势的发展，并形成以价值观为核心、以特色管理为个性的企业文化，真正将员工的潜能发挥出来，将员工的智慧、力量、情感和行为汇聚到企业的目标上，统一到企业的发展战略上。

企业文化的人文力量可以为员工创造一个具有和谐的人际关系、能够充分发挥各自的能力、实现自我价值、具有丰富多彩生活的宽松的工作环境。企业文化的凝聚力能通过建立共同的价值观念、企业目标，把员工凝聚在企业周围。企业文化的重要性使员工具有使命感和责任感，自觉地把自己的智慧和力量汇聚到企业的整体目标上，把个人的行为统一于企业行为的共同方向上，从而凝结成推动企业发展的巨大动力。

2. 创新文化是内在机制

创新文化是影响企业创新能力的内在机制，在创新文化影响企业创新能力方面，学者们当下存在两种研究思路。第一种是从企业宏观角度进行定量研究，把创新文化和企业创新能力通过问卷或者其他方法量化，大多通过结构方程模型分析创新文化对企业创新能力的内在影响机制，存在的不足主要是量表设计存在主观性、不能综合全面地反映创新文化和企业创新能力导致研究结论适用性有限；第二种是从企业员工微观角度出发，分析创新文化对企业创新能力影响的具体路径，主要集中在组织学习、知识创造与分享及人力资源开发与管理三个方面。

在企业发展过程中，企业会形成自己独特的企业文化氛围，这成为推动企业发展的重要资源。创新文化作为企业文化中的一种特殊形态，是促进企业进行创新的动力和源泉，能够激发员工创新热情和创新活力，是企业保持市场核心竞争力和形成竞争优势的关键所在，也是提升企业创新能力的重要渠道。企业文化在价值观、企业制度、行为实践三个方面来影响企业决策，创新文化影响企业创新能力也可以从这三个方面来进行分析。

3. 企业文化与创新的关系

企业文化作为一种无形资源，会潜移默化的影响企业的发展。根据学者们的相关研究，企业文化会对企业的创新产生重要影响。企业文化与创新的关系主要体现在文化强度和文化类型两方面。

（1）文化强度

从企业文化强度的角度来看，可以分为企业文化的整体强度和某一方面的文化强度。从整体强度来看，企业的创新是需要资源的，而企业文化能够为企业积累资源，从而促进企业创新。以并购视角为出发点，当收购方的文化强度越强时，在并购之后其创新的效率越高。

从企业文化的某一方面出发，企业的创新文化强度越强，越有利于员工产生创新性想法，从而促进企业加大研发投入。企业创新文化能够通过价值观念、企业行为实践、制度等方面影响企业进而促进企业进行研发投资。企业诚信文化对企业创新起着明显的正相关作用。企业文化中越强调合作，企业的创新产出越多。

（2）文化类型

从企业文化类型来看，不同的企业文化类型对创新绩效有不同的影响，例如，官僚型、创新型、支持型和效率型文化都能对企业的创新绩效产生一定的作用。其中，创新型文化和支持型文化都能显著促进企业的创新绩效，但官僚型文化不利于企业创新绩效的提升。在对高新技术企业进行研究时，同样得出创新型文化、支持型文化对创新绩效有正向促进作用，但官僚型文化不利于企业的创新绩效。也有学者将企业文化分为宗族型、等级型、市场型、灵活型，认为宗族型、等级型、市场型、灵活型企业文化都有利于企业自主创新绩效的提升，但不同类型的文化对创新绩效的影响程度是不同的，灵活型文化对创新绩效的影响最大，其次是宗族型，最后是市场型、等级型。此外，还有学者提出了客户导向型文化，认为客户导向型文化有利于专利申请数的提升，即客户导向型文化越强，对企业的创新越有显著正相关作用。

（四）股权融资

金融体系服务于实体经济的广泛程度会影响资源配置的方向和效率。一个国家的金融结构特征能够通过企业融资方式的差异影响金融资源在各行业的配置，进而影响经济增长的速度和方式。股权融资和债务融资两种外源融资在融资成本和限制性条件上存在差异，因而能从不同程度上促进或抑制企业创新。关于债务融资，根据上市公司数据发现银行贷款、商业信用这两种融资方式会抑制企业创新投入。对于股权融资，企业对股权融资的依赖有利于保障企业创新的融资需求。通常情况下产生这种差异的原因可能是，在债务融资关系中，企业要想获取债权人的贷款一般需要提供固定资产等作为抵押物，而且创新投资产生的新技术也难以用于抵押，所以企业较难通过债务融资为创新提供资金支持；并且债权人和企业之间存在有关创新项目信息传递的问题，企业掌握着有关创新活动的全部信息，而债权人获取的信息大多源于企业，因此难免出现企业为了获取资金支持而向债权人修饰和隐瞒创新项目的实况。另外，对于债权人来说，不但难以从创新项目中获取相关收益，还需要承担创新失败后企业难以偿还本金利息的风险，因此债权人通常会对贷款增加限制性使用条件去影响资金的使用方向，使得企业只能将资金用于相对稳定的投资项目。而股权投资者向企业投资时，更加关注的是企业的综合实力和成长性。一般情况下企业投资的创新项目一旦成功必然会提高企业的市场地位和综合实力，股权投资者也就期望企业进行这种创新活动，因此采用股权融资方式筹措的资金对创新项目的使用自由度更高，能更好地支持企业创新。

从企业自身角度来看，创新活动能否顺利开展需要充足的资金作为保障。企业在使用债务融资获取的资金时，按期付息和到期还本的偿还方式会造成较多的现金流流出企业，从而给企业的财务状况造成压力。而且过多地使用债务融资会导致企业杠杆率的提高，当杠杆率达到一定阈值时企业就有可能陷入财务困境，造成企业市场价值的贬值，甚至会面临破产危机。相比于债务融资，股权融资的资金使用周期长，并且当创新项目失败导致收益情况不乐观时，也不会有偿还本金利息的压力，企业承受的财务风险和压力相对较低。并且股权融资获取的资金在使用时约束较小，企业能够根据项目需要较为自由地使用资金，因此股权融资更能与创新项目的风险收益特征相匹配。此外通过股权融资，双方目标的一致性便于企业利用股东的渠道去获取创新项目所需的知识资源，从而提高创新项目成功率。

（五）高管背景

1. 高管技术背景

高层梯队理论认为，高管人口特征的差异将会导致管理者形成不同的认知理念，产生差异化的行为判断，从而对公司战略、经营和绩效产生重大影响。同时，税收优惠政策普遍实施时，不同企业间对于创新战略规划和创新资源配置的差异将会影响税收激励对企业创新的作用效果。而关于创新项目的开展对于企业来说更倾向于是一种结合自身情况做出的主观选择，因此作为决策者的高管，其背景特征将会影响税收激励对企业创新的作用。高管在制定投资决策时，其重心更容易往自身擅长的领域倾斜，当高管拥有研发创新背景时，受到自身技术背景的影响，他们更愿意开展研发创新活动，因此当税收优惠政策的实施能够有效降低企业研发投资成本时，这些高层就会加大企业研发创新投入的力度。同时拥有技术背景的高管不仅更关注高创新型的项目，能够规划好企业创新发展方向，而且面对研发活动的投资决策时，能够保持更为理性的状态，合理分配研发活动资源，帮助企业降低创新过程中的不确定性，有利于发掘更多的创新机会，从而提升了企业研发创新项目成功的可能性。

此外，技术出身的高管通常更重视企业的技术创新，会更注重培养研发技术人员，打造良好的创新氛围，提高高技术人员在企业人力资源结构中的比重。强大优秀的研发技术团队同样是国家政府衡量企业创新能力的一个指标，因此技术出身的高管往往能为企业争取到更多的税收优惠资源，进而加大在研发投资方面的力度，获得更高的技术产出，提升企业创新能力。

2. 高管海外背景

高层梯队理论认为，高管人员的经历反映了他们在决策过程中独特的认知结构、行为选择和价值取向，因此高管的海外工作经历及海外学习经历作为一种独特的资源会对高管本身的价值取向和认知基础产生影响，通过高管的行为选择最终影响企业创新投资的决策。

首先，和没有海外经历的高管相比，有海外背景的高管更具有国际化的思维方式和经营理念，对新思想、新事物的接纳速度更快，也更乐于获取新信息和新技术，因此，在税收政策不断变更调整、新政策相继出台的时代背景下，拥有海外背景的高管对于政策的钻研会更具有积极主动性。同时依据更强的创新意识，在制定企业研发创新战略时，会根据其掌握的技术创新动态和政府政策信息，鼓励企业加大研发投入。同时，海外发达国家对创新技术和创新产品有着较为完善的法律保护制度，因此海外背景高管对于技术创新和专利成果有着较强的保护意识，在创新成果转化为专利技术的过程中能有效发挥作用，从而提高企业的创新产出。

其次，有海外背景的高管通常有着丰富的社会阅历和关系资源，可以帮助企业了解科技发展动向，获取外部资源。拥有海外工作经历或海外求学经历的高管通常与海外相关企业、海外研发机构以及海外高校有较为紧密的联系，有利于企及时获取研发动态和技术资源。与本土高管相比，有海外背景的高管能够通过其在海外经历积累的社会资本为企业获取外部创新资源提供帮助，从而提高企业的技术创新能力。

二、影响企业创新的外部因素

（一）外部环境

企业是市场经济中的创新主体，在创新的过程中，企业所面临的外部环境会直接影响企业进行创新的意愿和动力。外部环境的改善有助于企业在创新活动中充分发挥积极作用，加大对创新的投入力度。

从市场环境来看，市场需求的变化会影响企业所获得的资金，从而影响创新投入水平。从市场竞争视角出发，市场竞争程度越大，越能抑制企业对研发的投入，进而对企业的创新产出形成抑制作用。而市场竞争与创新投入之间是一种非线性的关系，在形态上呈现为倒 U 型结构，即只有适度的市场竞争才能对创新投入产生正向影响。从市场并购角度出发，并购行为会显著降低并购方在并购完成之后一年内的创新投入。从营商环境出发，企业所处的营商环境越好，越能够显著促进企业的创新投入。从环境规制角度出发，环境规制能够增加企业的创新投入。

（二）信息技术

新时代下的创新，也因为新一代信息技术的应用出现了新的动力来源，地理邻近性不再会限制知识溢出。2022 年政府工作报告指出，我国创新能力进一步增强，数字技术与实体经济加速融合。一直以来，数字信息技术对创新都有着重要作用。已有研究表明，增加信息技术投资能促进大型制造业公司创新产出提升，数字基础设施和数字平台及生态系统成为现代创新的支撑。

创新是企业的一种投资行为，其过程具有持续性、积累性、长周期和高风险的特征，独立企业难以从外部知识市场获得知识溢出，在创新过程中常常会遇到融资约束、信息匮乏等问题。数字经济推动企业向高质量发展，主要体现在创新行为由封闭式向开放式转型、生产流程由人工化向智能化转型。已有研究表明，企业信息化投入与创新成果增长存在显著的正向关系，数字化将会影响信息和知识密集型商业的流程。数字化转型对于中小制造企业而言意义重大，能够提升新产品开发绩效。

数字技术在企业中的商业化应用使得各业务流程的信息呈现出的结构和处理方式发生了颠覆性变化，具体表现为减少生产的不确定性、精简管理层决策流程、缩短企业与消费者的距离。在价值链理论中，企业内外价值增加的活动分为基本活动和支持性活动，其中研发、生产、运营管理、营销为价值链中主要且常常被关注到的几个环节。研究指出目前数字化已经渗透到企业的研发设计、生产管理、售后服务等价值链的各环节中，因此，价值链中的研发、生产、运营、营销四个主要环节的数字化也会对企业创新产生影响。

首先，对于研发和生产而言，传统研究视角主要聚焦于创新对生产效率的提升作用。随着技术发展，传统的业务模式被重构，生产也可以逆向促进研发。数字经济背景下，生产模式趋于模块化、柔性化，研发模式趋于开放化、开源化，产品设计趋于版本化、迭代化。传统生产主要靠经验进行，而在数字化生产下，生产设备的运行效率、故障对应的状况特征、操作人员行为等精准参数都将被记录并分析，为研发提供真实场景数据。

其次，从运营的角度来看，随着采集、传输、交互和存储信息的技术发展为不间断采集存储所有联网信息提供现实可能性。企业借助云平台实现了数据关联、成本信息共享、过程可追踪，最终优化企业运营中的成本管理；也能够降低成本费用、提高资产使用效率。

因此，数字化转型使得企业运营中各环节数据整合，使得数字化贯穿企业的整个业务流程，并优化风险控制、决策支持、提升总体运营效率、降低成本。营销作为企业经营过程的最后一个环节，随着技术发展和市场需求的变化，来自消费者的反馈已经成为企业改进研发与生产的指导方向。营销能力显著影响企业的创新技术投入，对创新绩效产生了积极的影响。线上交易能有效降低市场搜寻成本，更好地匹配供需，从而缩短研发周期。企业对于大数据的应用可以让普通消费者参与企业研发，最终促进研发创新。传统销售模式下，客户反馈的信息要从零售商经过批发商逐层传递到企业，因此很难实现且效率低下，而在数字化营销模式下，用户使用和售后维修的数据通过智能服务平台在集团内共享，根据客户端反馈的信息进一步改进研发。

（三）政策支持

当前的中国经济正处于由高速发展转向高质量发展的关键时期，提升以制造业为主的企业自主创新能力，是高质量经济发展模式的微观基础，也是构建国家现代经济体系与创新体系的关键。创新是由创造性破坏组成的复杂过程，在创新活动的各个环节都充斥着不确定性，要降低甚至消除创新环节中的风险，促进创新成果的高效转化，除了需要完善的市场机制，还需要"政府之手"发挥作用。

创新失败的高风险、产出的不确定性与创新的高收益密不可分，政府部门具有更强的抗风险能力，应该勇于为企业承担部分创新风险，保护创新收益，减少创新失败带来的损失，给予企业创新活动更大的政策扶持。中国各级政府积极响应国家提出的创新驱动发展战略，颁布了多种创新激励政策以促进企业创新能力有效提升，进而解决实体经济部门面对的自主创新能力体系滞后、核心技术创新能力不足等问题。

中国各级政府正在积极实施的一系列创新支持政策，可划分为以财政资金补贴为主导的直接型政策和以降费减税为主导的间接型政策两类。以财政资金补贴为主导的直接型政策包括各级政府及相关部门出台的企业创新奖励与补贴政策、创新人才引进与创新团队建设的奖励政策、招商引资相关奖励政策、专利申请与授权相关奖励政策等。以降费减税为主导的间接型政策主要包括高新技术企业认定及其配套的企业研发费用加计扣除政策和所得税减免政策。

在各类创新政策中，最具中国特色的当属高新技术企业认定制度。我国于2008年出台《高新技术企业认定管理办法》，又在2016年进行修订，对高新技术企业认定标准与确认程序做出了规范，以帮助高新技术企业快速发展。其中，研发投入就是认定为高新技术企业的一项重要指标。满足该办法规定的所有条件后，企业可以申请认定为高新技术企业，得到批准则可以享受配套的一系列优惠待遇，如地方财政补助、税收减免、行业扶持等。高新技术企业作为拥有前沿技术的创新主体，已经成为推动社会经济发展及提升国家创新竞争力的关键。近年来，我国有一批具备国际竞争力的创新型企业不断发展壮大。中国的高新技术企业，因其机动性强、适应能力快、创新潜力大等特点，已经成为市场上最具活力的创新主体。关注高新技术企业的创新发展，是推动中国技术创新的重要途径。

（四）政府补贴

政府通过直接补贴或税收优惠等方式激励企业创新已成为各国普遍采用的政

策，但政府补贴所隐含的廉洁、公正和效率问题始终是社会各界关注的焦点话题。部分学者认为政府补贴直接增加了企业创新可用资金或间接增强了企业信用，减少了信息不对称以便企业进行外部融资，进而提升了企业创新投入，最终推动了企业创新。

目前关于政府补贴对企业创新促进作用机制的主流观点有以下三类：第一，政府补贴降低企业创新研发成本的同时促进企业创新意愿，从而促进企业创新。第二，市场纠正失灵。由于我国知识产权制度不完善和要素市场扭曲，企业缺乏内在动力，政府对企业研发活动的补贴政策能有效鼓励企业增加研发投入。第三，正向信号机制。获得政府创新补贴的企业会将获得补贴这一行为转化为体现企业自身创新能力优势和市场竞争优势信号机制。这种机制一方面为企业提供了隐性担保，使企业更易获得外部融资，缓解被补贴公司的信贷约束；另一方面政府补贴释放的创新竞争力会增加企业对高端创新人才的吸引力，从而促进创新绩效的提升。

科技创新可以带动整个社会生产力的提高，也是国家综合实力的重要体现。因此，科技创新对于我国全局发展的重要程度不言而喻。随着信息时代的到来和经济全球化进程的不断加快，中国企业的创新发展在中国是否可以实现产业的成功转型升级上起了决定性作用，因此得到了党和政府的高度重视。企业创新在这场全球性的变革中变得越来越重要，创新不仅可以推动企业国际竞争力的提升，还可以推动国家经济发展方式的改变，同时也是国家和区域竞争优势的重要来源。因此，如何促进企业创新就成了政府、企业乃至全社会共同关注的焦点。当前全世界各国政府都在努力构建和完善自己国家的创新体系，而中国作为世界上最大的新兴经济体，自然对企业创新的重视程度日益提升。国家强调政府支持在国家创新体系建设中的重要作用，并且为推动创新领域的发展制定并实施了诸多的配套政策和措施。

从理论上讲，政府支持是中国企业实现技术创新的重要驱动力，因此必定能够促进企业技术创新，进而提升创新绩效。但是从实践情况来看，政府支持有时带来的结果不尽人意。理论界对于这一问题也存在不同的看法：有些学者认为，政府支持有助于企业资源重新配置，从而促进企业技术创新。而有些学者则认为，人类认知能力的有限性使得政府不会比市场更有效，因此反对政府以任何形式对市场经济进行干预；政府支持常常会对企业的创新投入有挤出效应，反而对企业实现技术创新产生抑制作用。

1. 政府支持促进企业创新

持有促进观点的学者认为，税收优惠是政府激励企业创新的重要政策之一，政府可以给予创新型企业税收优惠政策，从而增加企业的留置资金，增加研发投入。持有促进观点的学者通过实证研究发现，税收优惠政策可以促进投资企业的创新活动。企业可以通过将研发支出税前扣除、固定资产加速折旧、企业所得税优惠等政策，享受税收优惠带来的低成本效应。政府鼓励企业加大研发投入力度，促进企业技术进步。同样，税收优惠可以使得研发投资的相对成本下降，这种替代效应可以激励高新技术企业加大研发投入，进而提高企业的增值率。裸税扣除有助于激励企业增加研发支出，平均来说，研发成本每下降1%可以使研发支出提高1.5%~1.8%。另外，学者们研究认为研发税收优惠对企业创新的促进作用比研发补贴更好，这是因为税收优惠是创新发生后进行补贴的，可以避免补贴产生的逆向选择问题。

政府补助也是政府激励企业技术创新的重要手段。政府可以向创新型企业直接拨款，加大高新技术企业的创新投入资金，解决企业技术创新时资金短缺的问题。政府研发投入补贴可以帮助创新型企业提高边际收益，从而增加对研发的投入金额，对企业技术创新产生积极影响。

2. 政府支持抑制企业创新

持有抑制论观点的学者们则认为，政府对于企业的创新支持非但无法有效提升企业的创新绩效，反而会对企业创新活动产生抑制作用。由于政府和企业之间也存在信息不对称和委托代理问题，所以政府并不能够通过科学合理的标准选择应该给予创新支持的企业作为支持对象，导致政府并不能真正将创新资源进行最优配置。由于政府没有办法有效解决委托代理问题，因此政府的直接补助无法取得预期的成效。同样也正是因为信息不对称和委托代理问题的存在，政府没有办法对得到创新支持的企业进行有效的监控，也就无法保证政府给予的那些创新资源真正被企业运用在创新活动之中。

此外，由于政府一般会规定只对某些特定的行业、技术发明和研发项目才给予政策性的扶持，这种偏向性和引导性往往会使企业更倾向于对政府支持范围内的创新项目进行投资，从而使得政府支持范围之外的研发创新活动被忽视，出现了企业减少某些项目研发支出的挤出效应。因此，如果政府对一些基础性的、低技术性的项目支持力度较大时，就会挤出企业对高技术产品和专业技术的投资。而当企业对高技术产品的研发投入被挤出时，政府支持就会对企业的创新活动产生消极影响。

（五）融资约束

随着科技创新在各国发展过程中的主体地位越来越明显，大量国内外学者对企业创新进行了深入研究。企业创新是一项具有强资源依赖性的资源消耗性活动，并且耗时长、不确定性高、风险大。研发投入作为企业最重要的创新资源，当企业面临融资约束时，会受到很大的影响。但融资约束与企业创新之间的作用机制还存在着很大的分歧。从融资约束产生的原因切入，企业与外部投资者之间天然地存在信息不对称，而创新项目更加难以被外部投资者识别和估值、难以作为抵押品获得贷款，企业创新活动往往因此面临融资约束从而降低企业创新成功的概率，打击企业创新的积极性和主动性，阻碍企业创新。从融资约束导致的直接后果出发，企业面临强融资约束时，不得不放弃有价值的投资项目，通过持有现金的方式面对可能存在的资金匮乏危机，从而阻碍企业技术创新。

（六）税收政策

由于创新活动具有高投入和高风险的特征，所以创新的整个过程中的"走弯路"问题与技术研发不成功问题都是必然存在的。政府可以从财税措施方面来支持企业的技术创新活动，从而提高企业在创新活动方面的支出。持有这种观点的学者不在少数，很多学者也通过实证检验了财税政策对企业创新的刺激作用，发现税收激励对策可以推动企业技术开发和创新活动。税收政策和直接补贴是众多公共政策中促进企业研发活动的有效手段。有学者从市场失灵的视角切入，认为政府补贴能够有助于弥补技术开发和创新期间的市场失灵问题，进而促进企业加大对创新的投入力度。

（七）风险投资

1. 风险投资起激励作用

风险投资具有其他投资所没有的优势，如可以使用限制投资量、分阶段投资等手段。这些手段可以有效地规避代理问题和投资风险，并且风险投资家本身具有较强的抗风险能力，他们的资金实力比较雄厚，进而能够更加高效地为初创企业带来一定的资金。除去给企业提供资金之外，大量风险资本家掌握了更加丰富的行业信息，因此可以给这些企业的管理人员一定的指导。企业得到了技术、资本和管理经验的支持，最终能够提高创业的成功率和创新率。风险投资不但可让企业快速实现创新，还可以通过企业技术开发和创新来提升全要素生产率。风险投资产业的发展明显推动了生产力的增长。

2. 风险投资起抑制作用

虽然风险投资家对于行业的信息掌握较多，且对行业的前景会有一定的把握，然而对于过于超前的观念与技术，风险投资家不一定可以理解，因此对于这些高新技术企业，风险投资未必愿意进入。风险投资公司出于对利润的追求，会介入企业的管理和经营，对短期的企业创新会起到促进作用，但是对长期的不确定性投资则不一定会支持，从而不利于企业创新。

（八）金融科技

银行作为重要的金融中介机构，能有效地将社会储蓄转化为各种投资和贷款，从而促进经济增长和社会发展。第一，金融科技发展通过银行信贷供给的中介机制可以有效推动企业创新。除了创新型企业和大型企业具有双重效应，金融科技的总效应在中西部、非民营企业中更突出，银行信贷供给对企业创新的推动作用在东部、民营企业中更明显。第二，金融科技发展从覆盖广度、使用深度和数字化程度三个维度全面推进企业创新，尤其在支付、保险、投资和信贷等业务方面，利用其技术优势，扩大信贷供给量，为企业创新赋能。第三，根据创新产出的不同层次，金融科技的创新推动作用在实用新型专利中更突出，信贷供给对企业创新产出的促进效应随着创新效用递减，即发明专利受信贷供给正向作用最明显，实用新型专利紧随其后，外观设计专利受信贷推动作用较小。

为了提升金融服务实体经济效率，推动企业创新，政府应该充分发挥引导作用和监督职能以促进金融科技发展；同时作为至关重要的金融中介，银行应积极提高金融科技应用能力，实现信贷过程降本增效，为企业创新提供持续的资金支持。

1. 政府层面

第一，扎实推进数字转型，提升金融科技水平。作为国家层面金融科技产业支持政策，《金融科技（FinTech）发展规划（2019—2021年）》指出要合理运用金融科技手段丰富服务渠道、完善产品供给、降低服务成本、优化融资服务，提升金融服务的质量与效率。金融行业应以技术研发与数据共享为支撑、人才汇聚与生态完善为驱动加快金融机构数字化转型，为企业创新提供多元化的数字融资渠道，推进信贷供给"量增、面扩、价降"，充分释放创新动能。为实现数字化转型，具体措施包括：注重前沿技术发展，推动金融与科技联动发展，拓展应用场景，以核心技术提升硬实力；推动数据信息资源的共享开放，构建跨领域、跨行业的金融科技数据资源；加大培养和引进复合型人才的力度，为金融科技发展夯实软实力基础；促进金融科技相关产业整合，通过产、学、研、用等融合发展加速构建生态系统，打造集群式、蜂巢式的金融科技新业态。

第二，优化金融服务环境，推进创新信贷支持。发挥金融和财政政策的协同效应，实施信贷风险补偿和奖励，鼓励银行加大对创新企业的首贷、续贷、信用贷款投放力度；建立健全社会信用体系，尤其是扩展金融信息共享范围，扶持并规范征信机构和信用评价机构，充分利用信息优势优化企业创新信贷流程；深化金融服务职能，加大对创新企业的支持力度，鼓励银行为创新企业提供信贷融资和投贷联动等综合解决方案，并通过科技赋能进一步创新产品和服务，扩大信贷供给规模和效率，助推金融服务实体经济。

第三，重视个体发展差异，协调释放创新动能。制定政策时应避免"一刀切"，要依据不同区域的差异、产权性质、创新属性和企业规模进行具体分析。针对不同区域的差异，应加快要素自由流动，提高资源配置效率，发挥东部资源集聚优势引领中西部突破，形成区域联动发展的创新产业集聚态势；针对不同产权性质，应鼓励非民营企业与民营企业建设创新联合体，充分利用非民营企业的研发人才优势和民营企业的研发投入强度，促进融通创新并激发创新活力；针对不同的创新属性，应通过多层次资本市场拓展企业融资渠道，落实税收减免等普惠性政策，营造良好的创新环境，为企业优化创新生态；针对不同的企业规模，应完善并落实贴合中小微企业发展规律的法律法规和政策，充分释放金融科技和银行信贷供给的创新动能，并发挥大企业的引领作用，通过共性平台的建设和高频的合作交流，促进中小微企业成长为创新的重要发源地。

第四，完善监管体系，加强风险控制。金融科技的蓬勃发展激发了市场经济动能，但其中的金融风险也不容忽视。监管机构应当高度重视潜在风险，预防金融科技漏洞所造成的系统性风险。为此，政府应积极完善相关法律法规，参考国际监管经验并结合中国特色，出台金融科技相关的规定和标准。尤其是在数字安全方面，更应明确风险管控措施，避免数据泄露及滥用所造成的权益损害。另外，金融科技同样可以运用于金融监管中，通过大数据等技术手段，可以实时监控风险信息，及时处理风险动态，实现全方位、自动化监管。

2. 银行层面

作为重要金融中介，银行应从以下两方面加强金融科技应用水平，提升金融服务效率，释放企业创新动能。

第一，提高金融科技应用水平，实现信息化经营模式。银行应积极运用金融科技的技术优势，合规运用大数据和云计算等技术，在日常经营管理中运用金融科技，实现信息化经营模式。银行可以利用数字技术不断优化营销手段、运营管理和风险控制等方面，实现扩大客户群体、降低运营成本和提高风险管理能力，提升商业银行的服务。例如，通过大数据高效刻画用户需求，实现精准营销；使用人工智能提升客户关系管理的效率；将区块链运用于智能合约的签订以确保安全性。

第二，加强金融科技企业合作，完善人才引进培养机制。传统的商业银行和金融科技公司既是竞争关系也是合作关系。金融科技公司具有技术和平台优势，而传统银行具有良好的客户基础和市场优势。在信息化浪潮下，传统商业银行应当加强与金融科技企业的合作，通过业务合作、人才交流等方式学习金融科技企业的信息化经营模式和数字化管理方式，在既有生态优势的基础上将线下业务线上化并积极拓展新业务。同时，银行应当加强金融科技相关人才的储备，积极引进复合型人才并建立完善的人才培养体系，尤其是注重信息技术类人才的引进，通过提供有竞争力的薪酬、完善的奖励制度和专业培训，提升工作效率，发挥金融科技的推动作用。

第二节　企业文化对企业创新的作用

一、企业文化通过价值观念来影响企业创新

在价值观方面，创新文化的核心要素是提倡创新、鼓励冒险和宽容失败。在具有创新文化的企业中，企业内部管理人员和员工一致认同创新是企业生存的根本，也把创新作为一种潜在的意识，促使管理者和员工不断进行创新，进而保持企业活力，提升企业的创新能力。

从企业层面来看，首先，创新文化是促进企业自主创新的重要动力，能够通过提升企业创新的积极性和主动性来促进企业提高创新动力，促使企业保持创新的活力，保持企业的竞争优势。其次，企业创新战略的成功实施有赖于内部创新文化的支持，主要体现在企业对市场需求的态度、内部员工持续的创新知识、内部员工的一致认可及各部门的相互协调，这构成了提高企业创新能力的重要基础。再次，在具有创新文化的企业中，企业会具有更强的创新意愿和更开放的创新态度，企业也会因此获得更多具有创新性的信息和想法，更倾向于承担进行创新的

风险，这会对企业创业导向产生积极影响，有利于企业增强创新意识，并采取超前行动积极参与市场竞争，提高企业创新能力。最后，创新文化也能够通过创新的物质文化显著促进企业技术创新意识的提升，通过创新的精神文化积极促进企业技术创新意识和能力的提高，对外展示企业创新的精神风貌，对内统一员工的创新意识，唤醒员工的创新热情，提高企业内部的技术创新，促进企业内部技术创新能力的提升。

在企业内部，创新文化能够更好地促进企业管理人员重视和提倡技术创新，愿意进行冒险和新的尝试，对失败保持宽容态度，鼓励基层员工积极创新，传递创新观念，形成创新的文化氛围，有利于企业增强创新意识，提升企业创新能力。在企业中存在股权激励时，创新文化能够正向调节股权激励和高级管理人员创新能力之间关系，充分激发高层管理者的创新活力和激情，有力地促进企业在技术、组织、市场和产品等方面的改革与进步，有利于提升企业的创新能力。

此外，研究表明企业管理者的领导力越强，企业文化发挥的引导和约束作用越大，能更好地在企业中传播企业文化内在的价值理念，进而影响企业行为。在具有创新文化的企业中，企业家会具备很强烈的创新精神，而企业高层管理者会特别重视并倡导创新，使整个企业的文化氛围充满了敢于挑战、勇于冒险的创造性精神。此外，企业家作为企业创新活动的组织者和策划者，是促进企业提升创新能力的重要力量。在创新的文化氛围下，企业家能够主动更新观念，更好地发挥创新、冒险和奉献精神，促进企业在经营管理等方面不断进行创新，提升企业经营管理的效率。

另外，企业家是影响企业文化的重要因素，企业文化只有在企业家的影响下，才能发挥与战略、组织等创新要素的协同作用，才能更好地实现企业文化提升企业创新能力的作用。在具有创新文化的企业中，只有企业家不断提倡创新文化，充分发挥创新文化对企业创新能力的提升作用以及战略、组织等创新要素的协同作用，企业创新能力才得以快速提升。

二、企业文化通过技术创新来保障企业创新

适应性企业文化、参与性企业文化、使命性企业文化和一致性企业文化均对技术创新能力有着正相关作用，这意味着在企业中技术创新需要有良好的企业文化。良好的企业文化可以促进企业高层及员工的技术创新意识，并且企业文化需要根据实际情况而不断更新。企业需要打造与自身相符合的企业文化，重视企业员工的创新意识培养，从而为产品和技术创新提供源源不断的内部驱动力。

技术创新能力可以在企业文化与企业绩效之间起到中介作用，从而说明互联网企业可以通过加速产品和技术创新、引入研发人员和加大研发资金来保持企业的竞争力，企业管理者可以通过在内部营造鼓励创新、鼓励竞争、鼓励率先行动的氛围，并建立相应的制度体系来激发创新动力。企业应在技术方面对云数据、大数据、区块链、人工智能等技术领域深耕细作，在产品方面重视客户或用户的需求，找出需求痛点及快速迭代产品，提升用户体验感和满意度，从而使企业赢得市场和用户。

三、企业文化通过组织管理来影响企业创新

信息时代逐步走近，企业之间的竞争关系愈加激烈。如何寻求企业更好的发展，是企业管理层肩负的最重要的使命。人力资源作为企业发展的根基，对于企业发展所发挥的积极推动作用愈发被企业管理者所关注，但就现阶段下的企业管理方式而言，显然无法做到有效提高和挖掘员工的工作积极性与工作潜能。基于此，如何实现对员工工作热情与工作素养的有效激发与提升，是现阶段企业管理者所需思考的首要问题。企业管理者要想能够充分发挥其职能与作用，关键在于拥有一套合适的管理制度。在知识经济学当中，企业必须习惯及革新组织知识以便更好地维持创新能力。所以，组织创新与组织学习这两者的关系正在逐步成为企业管理者所必须探究与实践的一个关键问题。但是，如果一个企业没有建立良好的组织学习机制，那么这个企业就没办法在管理的过程中建立本企业的知识管理体系。由此可见，组织管理创新对企业创新的绩效、战略目标实现及组织架构调整等方面都有一定的影响。对组织管理创新的研究中，企业文化、组织学习、组织变革能力是影响其发展的重要因素。

组织管理创新是十分不稳定的，也是许多因素综合在一起的结果。企业要想获得发展的动力，就需要进行创新，否则会给企业招致灾祸，这在一定程度上说明了创新对于一个企业的重要性。一个企业或公司从创立、发展到成熟，每一个流程、每一个步骤均是创新的过程，每一次行动均是在变革。组织管理创新的范围包括组织结构形式创新、企业管理理念创新等。而在以往的研究中，不难发现企业文化对组织管理创新的各方面有一定的影响。

企业文化是一个企业的信仰与基本价值观的综合体现，这为企业的发展战略提供了准则，其主要针对企业在发展过程中应该采取的行为以及所从事的各项活动进行相应的描述，同时也可以使企业组织管理有条不紊地进行，使员工更加注重工作过程、努力提升工作效率。

四、企业文化通过完善制度来影响企业创新

企业制度是一个有机的整体,指的是企业为了实现其战略目标,促使企业内外部资源相互协调,在组织结构、运行机制和管理行为等各方面做出的具体规定和安排。企业制度具有强制性,是一种对员工行为的强制性约束,从思想意识中来引导和约束企业员工的行为,促使员工朝着实现企业目标的方向来努力。提倡创新、鼓励冒险和宽容失败的企业制度不仅能对企业创新能力的提升起到直接和重要的作用,也是企业创新文化和创新精神的重要体现,具有明确的导向、激励和凝聚功能,进而在企业中引导员工的工作和努力方向,使员工保持创新的意识和活力,在工作中充满创新的激情,不断激励员工学习新的知识和技能,在企业内部不断地凝聚创新力量,提升企业创新能力。

首先,具有创新文化的企业在制度层面会制定与企业创新目标一致的鼓励创新、宽容失败的考核和激励制度,会引导管理者和员工朝着创新目标努力。其次,企业要加大对员工的教育投入,加强对员工创新方面的教育培训,提升员工的创新技能,在制度层面保障员工有创新的动力和创新的能力,充分发挥制度的创新导向作用,引导员工积极主动地进行探索和创新,进而提升企业创新能力。再次,在具有创新文化的企业中,企业的各项规章制度也都会倾向于创新,奖励和表扬具有积极创新的精神态度和行为的员工,并且把是否具备创新精神作为干部选拔或评优评先的标准,这可以增强员工对企业的责任心、激发员工的使命感,让员工获得一定的成就感和荣誉感,激发员工的创新积极性。在企业中也要突出企业英雄人物,充分发挥企业英雄人物的示范效应和典型激励作用,为其他员工树立学习和超越的榜样,在员工意识层面通过示范效应和典型激励来保证员工的创新活力和积极性。在具体的激励措施上,可以通过制定科学合理的企业创新收益分配政策,并对有突出创新贡献的员工进行人事上的奖励或者提供国内外学习的机会来更好地激发员工的创新活力和激情,在制度方面充分保证员工创新的利益,使员工对创新失败不必过于恐惧和担忧。最后,制度不仅能激励员工,引导员工的行为,还具有整合组织成员行为、提高资源配置效率和经济效益的功能,因而在具有创新文化的企业中,在企业共同的创新目标下更容易凝聚企业内部的创新力量,更容易发起需要整合组织成员行为的创新活动,同时,需要协调企业内外部资源的创新战略也更容易实现。这有利于企业培育以创新文化为基础的核心竞争力,发挥制度的凝聚功能,提升企业创新能力。

五、企业文化通过创新投入来影响企业创新

（一）任务导向型文化对企业创新投入的影响

从对创新投入金额的影响来看，任务导向型文化的企业以完成各项工作任务为目标，注重客户关系和产品创新以满足客户需求。任务导向型文化的企业主要通过"内化于心，外化于行"的方式来提高企业的创新投入水平。

首先，根据价值观管理理论，企业文化能够通过塑造员工的共同价值观和行为准则来影响员工。在任务导向型文化的企业中，为了完成任务，企业会引导员工注重客户关系维护和产品质量，使员工对企业形成文化认同。同时，任务导向型文化的企业注重制度管理和规范管理，企业会制定一系列与服务客户目标相一致的考核和激励制度来影响员工，鼓励员工获取客户的及时反馈。根据社会交换理论，企业的激励制度能够使员工得到额外的利益，这就会使员工以更加积极的态度和工作行为报答企业，即主动维护客户关系以获得及时反馈。来自客户的及时反馈能够激发企业的创新动机，促使企业投入资金进行创新。

其次，企业文化是能被客户所感知的，企业文化作为一种整体形象和概念会融入企业的产品和服务中，呈现给客户等外部利益相关者。根据信号传递理论，任务导向型文化的企业所传达的文化理念会稳固企业与客户之间的关系，减小重要客户的波动性，形成客户忠诚，进而有利于提升企业面临创新机会时的风险承担能力和协同创新能力，促使企业投入更多资金进行创新。同时，积极的客户管理理念增强了企业开拓新客户与新市场的能力、增加了客户的异质性，当这种文化倾向越强时，企业越能通过对新客户的观察和交流迅速地识别创新机会，促使企业投入资金进行创新，以更好地完成企业的经营目标。

最后，当企业文化越倾向于任务导向时，越能与客户维持良好的商业关系，能够更好地满足客户的需求，同时，能将较高的销售额信号传递给银行等金融机构，为银行放贷提供信心。这就为企业进行创新投入提供了足够的资金来源，促使企业投入更多资金进行创新。

（二）员工导向型文化对企业创新投入的影响

从对创新投入金额的影响方面来看，员工导向型的文化氛围能够满足员工的需求，促使员工提高工作积极性，产生创新想法，从而使员工与企业能进行良好的双向沟通，促使企业投入资金进行创新。具体来说，目前的企业员工大多是知

识型员工，他们普遍具有不畏权威、追求公正公平、有个性、敢于表现等特征。基于以上特征，员工便有了渴望公平、不断成长、实现自我价值等需求。

员工导向型文化的企业能为员工创造一个公平的工作环境，充分激发他们的潜力，使员工的才能得以发挥，并使员工在为实现组织的目标贡献力量时，也能达到自己的目标。员工导向型文化在给予员工关怀与照顾之外，更多的是给予员工来自工作本身的内在激励，给予员工权力，让他们负责具有挑战性的工作，促使员工进行创新。

根据社会交换理论，员工导向型的文化能使员工的需求得到很好的满足，员工为了回馈企业，会将自己的时间和精力主动投入工作中，使员工与企业在进行社会交换的过程中彼此产生感激与信任之情，提高企业成员的心理认同感，促使员工提升工作的积极性，产生创新性想法并能积极地反馈给企业，促使企业投入资金进行创新。同时，员工导向型文化的企业氛围会促使员工积极主动地学习和吸收新事物，员工之间能够团结协作，更加大胆地进行交流，在交流的过程中可能产生更多的创新性想法，从而促进企业增加创新金额投入。

（三）高管背景文化特征对企业创新投入的影响

企业文化作为企业内部环境的重要组成部分，高管背景特征与其契合程度的高低是企业能否进行创新投入的关键因素。高管团队作为决定企业规划和发展的重要人力资源，其年龄、受教育水平、技术背景经历会影响创新投入的决策过程，因此，在企业文化影响创新投入的过程中会受到高管团队的影响。

以年龄因素为例，根据高层梯队理论，随着年龄的增长，高管的体力和精力都变得有限，相比于年轻的高管，年长的高管会更注重稳定，不愿冒险进行创新。在任务导向型文化的企业中，企业致力于完成任务，而企业的决策权掌握在高层管理者手中，当高管团队的平均年龄较大时，这种"保守"的特质会对企业创新形成阻碍，注重完成任务与"保守"的特质不能很好地契合，将对企业的创新投入产生抑制作用。当企业文化趋向于员工导向时，企业的氛围是轻松有爱的，企业会授予员工权力以更好地激励员工进行创新，但高管团队因受到年龄因素的影响，在做出决策时会更倾向于稳定，尤其在做出创新决策时会更趋于保守，注重创新与"保守"形成了一种对立，不利于企业投入资金和研发人员进行创新。因此，当企业高层管理人员的平均年龄偏大时，高管的决策行为会对企业文化与创新投入之间的关系起到一种显著的负向调节作用。

六、企业文化通过规范员工行为来影响企业创新

在行为实践层面来看，企业文化是企业长期发展过程中不断应对外部危机和内部挑战而积淀下来的理念，能够引导企业行为和指引员工的行为，是促进企业不断发展的内在动力。创新文化是在企业发展过程中形成的提倡创新、鼓励冒险和宽容失败的文化理念。此外，有学者基于复杂适应系统把创新文化分为冒险开拓、创新氛围、共享交流和参与决策四类，通过构建多主体创新文化复杂系统模型发现，四类创新文化对企业创新有不同程度的促进作用，前三类创新文化对企业创新具有正向促进作用，第四类创新文化与前三类创新文化相比，有较强的协同作用。在具有创新文化的企业中，创新文化对企业能够产生驱动作用，并且在市场创新和技术创新的协同作用下，对企业自主品牌竞争力产生积极影响，使企业保持品牌竞争力，提升企业创新能力。

在企业行为方面，已有研究认为当企业内部生产经营过程中及以外部市场环境中存在危机和挑战时，具有创新文化的企业能够及时发现，并且能够快速地调整好整个组织内部的创新资源，将其投入企业的创新行为中以应对危机和挑战，并发展成为企业的竞争优势。

另外，在具有创新文化的企业中，企业可以通过对标杆企业的学习，更新自己的创新理念，改变不合理的观念和价值观，整合企业内外部资源，开展企业技术、产品、管理、市场等方面的创新活动，促进企业创新能力的提升。此外，企业创新活动的顺利展开，需要企业内部多个成员或部门的协调，才能最终实现企业创新目标，提升企业创新能力。有研究表明包含"知识分享、组织创新氛围、协同决策和组织变革"四要素的协同创新文化能够直接促进企业提高产品创新频率和工艺创新频率，有利于提高企业的创新能力，并保持企业的竞争优势。

在组织学习方面，具有创新文化的企业通过探索性学习来促进企业在变化的环境中获取新的知识，通过开发新产品来促使企业探索学习新的技术、了解新信息，使企业获得先动优势，保持领先的竞争优势。在具有创新文化的企业中，企业还可以积极从供应商、顾客和竞争对手那里搜集有用信息，寻求技术和市场方面的创新与突破，在不断适应环境变化中整合企业内外部资源，重构和建造企业内外部竞争力，提升企业创新能力。在组织招聘方面，人与组织匹配招聘模式强调组织内个体的内在特征应与组织的基本特征保持一致，文化是组织深层次的价值理念，企业文化是企业人力资源的重要影响因素，企业在招聘时会选择与企业

文化相匹配的员工，即具有创新文化的企业会注重选择具有创造力和创新精神的员工。创新文化不仅在企业行为方面得以彰显，在员工行为方面也同样得以体现。在具有创新文化的企业中，创新文化通过员工社会网络中的咨询网络和友谊网络来影响员工的心理和决策，激发员工的创新性表现行为，增强员工的工作满足感，促进企业创新。创新文化提倡创新、鼓励冒险和宽容失败，这构成了企业员工创造和共享知识的内在动力，是企业获得知识创新的重要力量，也是使企业在变化的环境中不断创新、保持竞争优势的重要基础。创新文化一方面能够直接影响员工的知识分享行为，促进员工个人的成长和发展，另一方面还可以通过加强员工对组织的认同感来促进员工之间的知识分享行为，更好地促进企业内部知识的更新和流动。此外，企业创新文化是员工潜意识行为模式当中反映出来的集体信仰和价值系统，能够引导员工积极去尝试、冒险，促使员工做出更积极的创新行为。

第六章 企业综合创新

企业创新是提升企业、地区乃至国家核心竞争力的关键。本章分为企业管理创新、企业营销创新、企业科技创新、企业环境创新、企业技术创新、企业品牌创新六个部分，主要包括企业管理现状、企业管理创新的形成机制、企业营销现状、企业营销创新的基本路径、企业科技创新的现状、企业环境创新的影响因素、企业环境创新的现状等内容。

第一节 企业管理创新

一、企业管理现状

（一）企业管理理念固化

企业管理作为企业发展的重要组成部分，管理理念的创新对企业管理的影响颇深。数字经济作为当前社会发展的趋势，对我国各行各业均具有深远的影响，但我国仍有很多企业，其管理理念固化、数字化管理思维缺乏，主要体现在以下三个方面。

第一，我国有不少传统企业对数字经济认知不足，认为数字经济与自身企业发展关系不大甚至毫无关系，只会对互联网企业产生一定的影响。这就使得这类企业难以抓住时机，一味闭门造车。

第二，很大一部分企业经营者传统管理理念根深蒂固，认为数字经济虽快速发展，但对实体经济的影响微乎其微，不会对本企业未来的发展产生影响，从而导致这类企业的经营、管理、服务无法跟上数字经济的浪潮，管理创新困难，企业发展停滞不前。

第三，部分企业虽已察觉数字经济将会给企业带来巨大收益，但由于数字经济作为新兴事物，其传统管理层不具备超前的数字化思维，且企业缺乏相应的数字化技术，导致这类企业无法利用数字化技术管理企业，无法建立数字化管理体系。

（二）企业管理模式单一

目前，我国部分企业存在着管理模式单一的问题，企业在管理中缺乏一套完整的管理流程，而企业的管理者仅凭多年的经营经验来管理企业，缺乏对创新管理的理解。很多企业管理者采用硬性的管理方法来管理企业员工，他们的观念是迫使员工积极工作。管理的流程是上级向相关管理人员传递指令，相关管理人员将其分派到各部门进行企业管理工作，具有单一化的特点。每一家企业的发展策略和发展目标都要根据企业的发展历史和现状来制定，而每一个发展阶段的发展策略和发展目标都是不一样的，只有与时俱进，才能更好地适应不同的发展需求。然而，在实际管理中，由于管理模式比较单一，通常情况下，决策制定过程中仅要求管理者将管理问题与发展需求结合起来，形成一份报表，供决策层参考，而决策层则依据管理层提供的报表，对其进行决策。这样的管理方法太片面了，不能从整体上思考，也不能认真听取普通职工的意见和建议，这使得企业的管理模式只限于管理人员根据自我认定的企业发展状况进行决策，使企业管理缺少了存在的意义。

（三）企业管理缺乏战略规划指引

针对当前企业管理工作的开展来说，其中所存在的关键问题还是对该项工作的重视程度不足。在加强管理方面投入资源较少，力度较差。这种情况给企业的日常运营及发展带来了一定的阻碍，同时也不利于企业市场核心竞争力的形成。具体表现如下。

1. 缺乏战略规划指引

目前，部分企业的战略管理仍然存在重编制、轻宣传、强措施、弱考核等问题，规划发布后，没有专业团队宣讲，规划提出的战略目标、发展路径、重点举措没有在各层级中形成最大共识，项目部对规划的战略引领作用认识不足，存在着规划挂在墙上、写在纸上、不落实到行动上的现象，企业战略规划提出的新思想难以在项目管理中得以落实。

2. 缺乏专业管理人才

目前，部分企业在人才招聘方面存在问题，每年大量招聘专业技术人才，忽视了对企业管理、项目管理专业人才的引入。整个企业中企业管理、项目管理专业人才占比偏低。这也对企业管理与项目管理工作的开展造成了一定的阻碍和制约，不利于顺利完成企业制定各项管理规程。

（四）企业管理机制有待完善

当前一些企业的各项管理制度不可谓不多，不可谓不全，但企业管理水平和管理效率却没有得到根本性提高，在执行落实层面，欠力度欠办法。在合规合理层面，更加注重合规而忽视了合理，致使项目层不执行、难以执行的现象普遍存在。这其中的难点主要在于以下几点。

1. 管理粗放、效率低下的问题依旧突出

一是程序空转。企业管理水平没有随着规模的快速扩张而相应提高，各层级都不同程度地存在程序空转现象，本应人人负责却变成了"无人负责"，只讲程序、不讲结果，更有甚者，不讲程序、胡作非为，造成效益流失和资产损失。

二是制度失灵。项目层执行中有令不行、有禁不止、官僚主义、形式主义等情况不同程度存在，阻碍了企业管理与项目管理的有效融合。

2. 体系不顺、活力不足的问题依旧突出

一是管理链条过长，多数企业内部层级过多，"大企业病"严重，导致两级沟通成本大、管理时滞长、决策效率低、信息不对称，致使两者之间无法形成强大合力。

二是体制机制缺少活力，有效激励与约束不够，资源配置缺乏科学依据，薪酬绩效缺少明确导向，两级管理单位员工的积极性和创造性都没能充分激发，导致企业综合毛利率、全员劳动生产率、利润率长期低迷。

3. 创新不强、赋能不足的问题依旧突出

一是创新对企业实现高质量发展的引领力不够，缺乏有效的创新激励机制，制度创新、科技创新、商业模式创新乏善可陈。

二是创新对企业管理与项目管理融合贡献度不大，缺少对前沿技术、互联网、现代信息化技术的有效布局，还在依靠量的简单堆叠，而没有形成质的快速提升。企业同质化发展、低水平竞争的现象严重，市场竞争能力缺少创新思维理念、先进技术、一流科研成果的支撑。

二、企业管理创新的形成机制

管理创新按新颖度可划分为全新型管理创新和引进型管理创新，按创新对组织内部原有能力、组织战略及市场等的影响程度可划分为渐进型管理创新和突变型管理创新，加之管理创新过程本身所具有的复杂性、持续性和风险性等特征，学术界对企业管理创新过程阶段的划分还未达成统一的认识，主要围绕管理创新的起源、决策、实施以及扩散等问题展开，具体而言有以下几种。

（一）二阶段式

对于二阶段式的管理创新过程，主要是以创新是否被实际采用为分界点，将管理创新过程划分为启动阶段和实施阶段，在总结国外学者观点的基础上，将组织创新划分为制订阶段和执行阶段，其中制订阶段包括问题识别、问题议程、方案制订与预评估、方案采纳与合法化等环节；执行阶段则包括方案实施、效果评估、调整与变更和组织终结。但依据管理创新的类型，学者们进行了分类研究。例如，引进型管理创新分为采纳过程和实施过程，其中，采纳过程包含了在环境因素和组织因素作用下的问题识别、创新感知、态度的初步形成、问题根源的探讨、依据情境和问题制定方案、评估方案以及最后决策是否实施方案；实施过程则涵盖了做好基础准备工作的启动阶段、全面推进阶段及最后的固化阶段。之后有学者又针对管理创新的实施阶段，从组织惯例演化的角度做了深入研究，并将其分为现存的常规控制阶段、新的历程创建阶段和凝固阶段，每个阶段表现出不同的创新活动与参与者认知行为特征。

可见，二阶段式主要是将管理创新的产生与企业开展管理创新视作两个不同的阶段，即未采取实际行动之前所涉及的内容视为管理创新的第一个阶段，进入实践实施后及所产生的结果划分为第二个阶段。

（二）三阶段式

有些学者认为管理创新过程由三个阶段组成，但划分方式并不相同，一种是将管理创新实施前的时间分为两个阶段，认为管理创新的生成和采用是由不同参与者进行的，生成是一个创造性的过程，是将新的知识和现有的想法以新颖的方式组合在一起，以产生新的实践，而采用则是一个解决问题的过程，故将管理创新过程分为启动阶段、决策阶段、实施阶段。具体而言：启动阶段的活动包括识别需求、寻找解决方案、了解现有创新、确定合适的创新并提出一些采用建议等；决策阶段包括评估方案、选择方案并为采用的方案分配资源；实施阶段包括试验、用户对创新的接受，直到创新成为组织的常规功能为止。另一种是将管理创新实施之后的时间分为两个阶段，将管理创新的过程分为启动、实施、结果等三个阶段。学者们对于三阶段式的划分属于对二阶段式管理创新过程划分的细化，但不同学者所分析的重点各有侧重，三阶段式的划分方法也未能形成共识，但多数学者肯定了启动阶段和实施阶段，也对其进行了深入研究。

（三）四阶段式

四阶段式，即动机阶段、创造阶段、实施阶段及理论化和标签化阶段。其中动机阶段是在诱发因素作用下，个体考虑自身发展；创造阶段是实验的初始行为，从实验中产生一种新的假设的管理实践；实施阶段是在内部确立新的管理创新价值的技术过程；理论化和标签化阶段是一个社会过程，组织内外的个体通过对管理创新的理解和验证来构建管理创新的合法性。这一过程以企业内部进化的观点为基础，通过感知环境的变化（动机阶段），导致管理实践的变化（创造阶段），其中一些变化随后受制于内部选择（实施阶段）和保留（理论化和标签化）。以此为基础，学者们对其进行了深入研究，为后续管理创新研究奠定了基础。在四阶段式管理创新过程的基础上，有学者以项目管理作为管理创新进行研究，探讨了局部的、具体的管理创新过程，如确定项目管理资金的投资方向，构建符合组织需求的项目管理方案，以最能被组织文化接受的方式引入它，确定评价成功的衡量标准等。这为在局部展开管理创新提供了可借鉴的途径。而有学者以动态的视角对四阶段式管理创新做了进一步的完善，从动态能力的宏观和微观角度确定的传感能力、吸收能力、关系能力和综合能力四个组成部分对管理创新过程的四个阶段的影响进行研究，发现管理创新的过程是一项依赖企业动态能力的项目，为企业实施引进型管理创新提供了建议。另外，亦有学者以整体视角对企业管理创新过程进行了研究，将以前单独的组织设计和管理创新研究与复杂产品和系统的管理联系起来，按照时间的推移及实践的适应性对各个阶段进行了分析：动机阶段，即促使组织考虑发起管理创新的诱因；动机与早期搜索阶段，即促进组织考虑采用管理创新，寻找和试验不同的关系形式；连续搜索和适应阶段，即实行最初的实验行为（可能会产生适应性管理创新）；实施和验证阶段，即适应性管理创新价值的建立过程以及组织内外的个人理解和验证公司和行业内管理创新的社会过程。该研究注重强调管理创新实施过程的动态性、全局性、适应性，为企业实施管理创新提供了可以降低风险的策略。

三、企业管理创新的基本路径

（一）制定企业整体战略

1. 制定企业发展战略

在经济新常态形势下，企业面临着资金、地域、政策等方面的严峻挑战，企业要根据自身的实际，适时地进行战略调整。在资源有限的情况下，企业要制定合理的发展策略，以最大限度地利用现有的资源，达到最大的效益目标。

2.制定人才培养战略

人才是企业重要的资源。企业要想持续健康发展，必须制定高素质的人才培养战略，把人才的引进和培养提高到一个新的水平，使企业的核心驱动力量得到最大程度的发挥。在企业发展的同时，要注重员工的培养，以满足员工的需求和体现员工的价值，增强员工对企业的认同，通过激励员工的工作热情，为他们提供展现自己的机会，使他们的工作积极性得到最大程度的发挥，从而达到培养人才的目的，提高企业的核心能力。

3.实行有效的目标管理战略

目标管理是一种有效的激励机制，它可以有效地激发员工的主动性、创造性和积极性，并能有效地激发他们的工作热情。目标管理应从制定管理目标和工作任务入手，然后逐级划分，完成目标和任务，最后进行测定、评价、考核和总结。企业目标管理的实施，有利于将工作任务、职责层层分解，实现责任明确、奖惩分明。

（二）创新企业管理目标

在粗放型经济发展模式的影响下，部分企业的发展目标始终以经济最大化为基准，然而步入知识经济时代后，企业需要结合实际情况及时构建出更进一步、更高水平的目标。成为一家品牌效应良好且受到大众认可的企业，必须结合经济效益和社会效益来精准定位企业的发展目标，还要在发展经济的前提下将对社会产生的影响充分纳入考虑范围内，不可因过度追求经济利益而忽视对社会环境造成的影响与破坏。在知识经济发展趋势下，企业需将自身的经济效益与社会责任高度融合，这便要求企业及时改善并创新原本的经营管理目标和发展目标。企业内部领导人员和管理人员应以长远的眼光看待各类项目活动，从根本上意识到只有保障社会效益才能实现经济效益最大化。综上，企业管理需要重点实施经济效益与社会效益的和谐统一，将良性发展基本原则贯彻到底，以此来树立可持续发展的正确经营管理理念。

（三）创新企业管理模式

在经济新常态下，市场因素是很难被企业所掌控的，所以，在企业发展期间，要根据市场的变化，正确地把握自己的发展方向。传统的管理模式明显已不能适应新时代的发展，以往的管理模式主要是以人力来管理，效率低下，而且这样的管理模式往往会导致管理中的人为失误，对企业的管理水平和发展有一定的影响。目前，部分企业存在着管理模式单一的问题，要改进僵化的管理方法，对各个环节进行精细的管理，采用刚柔相济的方法。企业管理者要多听取基层职工的意见和想法，基于员工的建议和实际想法，并与目前的管理状况相结合，将相关的报表提交决策部门，结合企业的实际情况和员工的建议，制定合理的发展策略和管理流程。目前，各个行业都会运用到信息技术，企业可以充分发挥信息技术的优势，对其进行管理创新，从而达到更好的管理效果。运用信息技术对企业发展的各种数据进行分析，实现"以数据说话"，以真实、准确的数据为依据，做出相应的管理和决策。同时，运用信息技术对企业进行经营管理，可以有效地提高企业的管理效率，也能建立完善的信息系统。在企业的绩效评估中，仅注重员工的工作成果，很容易造成管理的片面性和效率低下。因此，运用信息技术，可以建立起一套基于网络的绩效考评信息系统，对员工进行全面的了解，并对其进行实时跟踪，为今后的员工管理工作奠定了良好的基础。

（四）创新企业管理制度

企业管理工作需要以市场发展趋势及规律为主要出发点，从而实现企业管理的市场化，在根本上彰显出创新后的管理制度落实状况及实用性。企业应在内部结构上展开全面化管理创新，并对其进行一系列深化改革，在实现内部管理创新改革的前提下开展外部管理制度创新。此种方法落实到实际应用阶段，具体操作如下。

第一步，需要构建出企业管理创新的外部条件，并在市场环境的规范、导向作用支持下为企业管理制度创新工作提供更多的参考依据和指导方案，有效根除企业管理创新进程中产生的风险问题。

第二步，企业需要在充分考虑自身发展条件的前提下构建学习型组织，通过树立正确学习观念，促使企业内部工作人员树立"学习第一"的基本理念，进而营造良好的企业学习氛围，并构建优秀的企业文化。

第三步，企业需要根据不同岗位部门的基本特点，为员工营造良好的学习氛围及工作环境，不断激励各部门员工提升自己，积极投身于各类理论知识和技能技巧的岗位培训学习工作中，采用科学有效的措施使高素质、高水平的优秀员工得以进一步深造，为企业的未来生存与发展积蓄更多的力量。

（五）增强企业管理者创新意识

企业的管理不仅是企业领导、管理层的一项工作，更需要全体员工通力合作，共同推进企业的管理与发展。

首先，要增强企业管理者的管理创新意识，增强员工的创造力。企业管理活动涉及方方面面，管理活动比较繁杂，因此，企业的管理人员必须根据当前的经营状况、企业的发展趋势和发展要求，不断地进行创新，紧跟新时代的发展趋势，强调企业的内部管理。企业管理者是企业发展的关键人物和指导者，只有管理者拥有比较强的创新管理能力，企业员工才会有"主人翁"的意识，为企业的创新管理与发展做出贡献。

其次，在企业的管理中，要加强对创新发展的宣传，如举办各种会议、在企业的布告栏张贴相关的宣传海报，使创新管理的思想深入员工的心里，由此来使企业的管理创新观念逐渐增强。企业管理者要发挥领导的作用，调动全体员工的积极性，使其投身于企业管理，保证各个部门分工明确，互相关联，为企业的管理做出自己的贡献。在经济新常态背景下，面对日益激烈的市场竞争，企业应从市场发展的角度进行理性的分析，并对其未来的发展做出相应的规划。此外，管理者应为员工营造良好的管理氛围，将大量的资金用于企业的创新管理中，以提高员工的创新积极性。

（六）构建企业信息化管理体系

企业要结合实际情况构建信息化管理体系，首先要加快建立"公司本部抓总、区域指挥部主联、专业化分公司主建、项目部主战"的基本架构，并突出指导和监管职能，做到加强监督权，下放决策权。公司本部要突出服务职能，下沉基层，协助项目部解决实际问题；突出管控职能，紧抓关键重点，及时预警纠偏；突出保障职能，合理配置资源，确保项目生产有序推进。区域指挥部要突出经营和监管职能，负责监控辖区内的各项工作进度管理，关注项目信用评价工作，加强与客户的工作对接协调，组织督导项目部共同创造良好的企业信誉和品牌形象。专业化分公司要发挥出人才"蓄水池"的作用，根据专业属性，加强本专业技术人员的发掘、培训及动态管理，随时能为项目所需提供专业技术人才，同时加强自建型劳务队伍建设，努力为项目部打造随时能够"拿得出、用得上、打得赢"的专业作业队伍。项目部要抓好所有项目的管理，兑现合同、实现目标，争创优质项目，树立企业品牌，依托项目深化与客户的沟通联系，积极配合区域指挥部的经营工作。

（七）提高企业数字化管理技术

企业数字化管理技术的创新对数字化管理的先进程度有着一定影响。因此，企业应充分认识到数字化管理技术的重要性，加大数字化管理技术的资金投入，加强数字化基础设施建设。

一方面，针对资金较为欠缺的企业，在综合考量其他同等级企业经验的基础上，选择与本企业相匹配的第三方数字化平台对企业的软、硬件进行数字化创新，将企业内部各部门数据集中管理，以此提高企业决策效率。考虑到资金投入，这类企业可以将部分数字化业务外包给第三方处理，以此减少不必要的开支。

另一方面，资金相对充足的企业，可以针对企业自身管理框架，自购数字化应用，以自身企业为依托，探索出更适合自身企业发展的数字化平台。借助此类数字化平台对海量的数据进行整理分析，以此获取有效信息。企业通过收集来的数据资源及自身在生产经营中不断产生的数据资源，挖掘具有潜在价值的信息，帮助企业做出适时的战略调整。这种自购平台的方式既能保证企业核心数据不外露，也可以在数字化创新中培养出综合性员工，为企业的未来发展打好基础。

（八）立足网络细化各方管理工作

1. 利用大数据技术优化财务管理

过去传统的财务信息管理模式，主要是在企业内部的经济业务数据中获取财务信息，然后在信息录入系统中获取总账记账凭证。这种财务信息管理模式并不能将企业的财务状况充分地反映出来，不利于企业财务管理信息化的实现。对此，基于当前环境，企业完全可以应用企业财务管理信息系统在大数据中心库中获取和收集相关财务信息，这不仅拓宽了数据获取渠道，而且也可以在一定程度上落实云计算的应用。此外大多数企业在使用财务软件系统的时候，通常都是每个公司一个账号，导致基础数据体系之间存在较大差异。针对这一问题的存在，企业必须注意不断完善总账管理系统，加强对于下属公司的管控，这样才能随时随地查询下属单位财务数据，从根本上实现固定资产管理和现金管理的一体化，从而确保财务信息和业务信息一致，从根本上强化企业财务管理效率，为企业的管理决策提供有力依据。

2. 利用信息技术创新档案管理

在当前"互联网+"时代背景下，档案管理的信息化建设对于企业来讲具有重要意义。因此，企业要根据自身发展情况，大力推进档案管理信息化建设，要根据实际情况积极投入大量资金，引进先进的档案管理设备，对现有的设备进行适当的升级与换代，将传统的纸质档案转变成电子档案。除此之外，企业也要建立完善的档案管理规章制度，确保各部门都能使用统一的档案用语、保密制度、分类标准、借阅制度等，确保可以将档案管理信息化落实到位，从而有效提高档案管理工作的整体效率。

3. 利用信息技术加强人力资源管理

企业在开展人力资源管理工作的过程中，要想获得更好的效果，必须全面了解全体职工的基本需求，通过员工微信群发放调查问卷，要求员工认真作答，根据问卷调查结果了解职工的工作压力和生活情况，采取多样化措施尽量满足其合理需求。对于职工提出的意见和建议，要认真倾听并积极采纳，结合实际情况帮助其解决问题。在企业文化建设方面也要予以高度重视，结合企业实际条件不定期组织各种线上文体活动和娱乐活动，建立专门的企业官方网站，并适当举办各种知识讲座，鼓励广大职工积极参与线上活动，在丰富其业余生活的基础上帮助其缓解精神压力，更可以在一定程度上提升职工的专业素养。另外，也可以建立专门的人力资源数据系统，将所有的职工信息录入其中，各部门实施信息联动、资源共享，方便员工工作信息的及时查询和调动，能够有效提高人力资源管理工作的整体效率。

4. 利用互联网做好企业营销管理

如今，随着"互联网+"时代的到来，在各行各业企业的发展中，网络营销推广越来越多，且网络营销比一般的线下营销活动花费的成本更低，网络营销在品牌营销过程中是品牌营销的首选。所以，为应对市场的发展需求，企业要及时地进行品牌营销推广方式的改进与调整，形成自己的竞争优势，积极地运用网络推广的方式，提升品牌知名度。在此过程中，企业可以积极利用新媒体渠道，在平台中与用户进行分享，使其在分享生活时也能够购物。通过社交平台让用户之间进行交流，分享体验，增加营销活动的体验感，并通过这些平台，解决消费者所遇到的问题，有问必答，让其线上的服务赢得消费者认可，在真实的社交圈中产生联动效应，口口相传，形成良好的口碑营销。同时，企业在网络营销过程中，应该增加其他的产品推广方式。例如，利用销售门店的会员制度，将门店会员的消费情况进行划分，针对不同消费群体建立不同的社群，进行社群营销。这样门店在实体经营过程中，可以不仅在线下门店推广营销活动，也可以在这个社群里进行推广，使顾客可以享受不同品牌的服务，也可以在这个社群中进行互动交流，达到良好的营销效果。

（九）加大培养创新型人才的力度

企业管理人才的素质、能力、创新意识，是企业管理活动和业务开展的关键。企业的管理工作要注重员工的创新意识，更要注重员工的素质教育，特别是创新型人才，更需要企业投入大量的资金和时间来专门培养。首先，企业管理者要建立与之相适应的用人准则，营造充满创新的环境和氛围，激发有关管理者的创造性和能量。其次，企业管理者要投入更多的资金，并采取适当的方法进行人才培训，学习外国先进企业和其他优秀企业的管理方式，鼓励企业员工参加培训，培育大批创新管理人才，促进企业创新发展。最后，可以通过与高校合作，创新用人机制，从学校直接引入优秀的人才，对于符合工作需要的大学生和毕业生，通过对其进行职业技能培训，提高其综合管理水平，进而提高其创新、管理水平。

第二节　企业营销创新

一、企业营销现状

（一）缺乏个性化营销模式

伴随我国科技水平的提高，许多企业开始借助互联网或大数据技术分析用户的消费倾向，了解不同用户的消费需求，从而生产满足用户需求的产品。但是，这种情况容易导致企业营销个性化的缺失，所生产的产品千篇一律，严重削弱了产品的个性化特征。除此之外，由于我国在知识产权的保障方面欠完善，如果企业自身防范意识不足，许多产品的生产样本和技术很容易被盗用，市场上就会出现更多同类不同质的产品，最终往往受伤害的还是企业本身。

（二）产品定价模式陈旧

定价策略是市场营销策略一个关键的组成部分。在传统营销模式下的定价方法往往是根据商品的成本进行定价，价格一般比较固定，缺乏灵活性。传统的定价方式由于缺少竞品分析的环节，会造成盲目定价，因为价格高于其他同类型商品的问题而错失很多顾客。顾客在购买产品时，都是择优而入，会选择同类型产品中性价比最高的产品。

（三）营销基础设施匮乏

企业在开展数字经济营销时，需要准备完善的营销基础设施。完善的营销基础设施不仅能够为企业营销创新提供支持，而且还能降低"营销事故"的发生概率。然而，对于许多中小企业而言，要想在数字经济营销中占据一席之地，并和大企业竞争，需要投入大量资金。但是，企业受到自身规模、业务、资金、成本等因素限制，营销基础设施相对匮乏。

（四）数字营销专业人才缺失

企业在营销中追求利润，是一项根本性的要义。在数字经济环境下，大量企业开始将营销渠道从线下转移至线上，使得营销成本持续走低的同时，利润却不断增大。在此过程中，企业对于线上营销人才的需求不断增加。但是，根据《2022年中国大学生就业报告》中的数据，当代大学生对于销售的意向持续走低，许多人开始对营销、销售等行业产生抵触心理。因此，就算企业想要发展数字营销，在专业人才储备上却存在不足，缺乏数字营销专业人才。

二、企业营销创新的基本路径

（一）评估营销环境

从历史上看，许多企业主要根据地理区域对市场水平进行分类。企业需要充分考虑消费的具体情况，才能深度融合不同市场的需求。商业营销专家必须了解每个市场的特征、购买力和偏好，并准确预测其对产品和服务的需求。企业营销专业人员还必须制定营销组合策略。也就是说，企业营销人员为了保证营销效果，应灵活运用营销策略，如产品策略、价格策略和渠道策略，不仅需要根据消费者需求开发新产品，而且还需要不断提高产品的质量和性价比，以吸引更多客户并形成品牌效应。企业在确定价格策略时，必然要根据自身实际的市场份额情况和网购群体的消费习惯，在确保产品高质量的前提下选择最优的渠道策略。也就是说企业必须认识到渠道和线上的优势，将网络渠道与实际销售相结合，拓宽多渠道和3D销售渠道，提高产品的营销效率。

（二）了解客户需求

现在，在很多企业中，销售人员进行网络营销、微信营销时，他们所采用的营销手段、营销策略往往都是根据自己的意愿及猜测制定的，所以平时看到的很多营销文案或是广告视频，大部分没有吸引力，而能真正深入人心的成功广告凤毛麟角。因为他们并没有真正倾听顾客的心声，并不知道顾客想要什么。对于营销人员来说，现在最正确、最合适的方法应该是从最基本的了解客户需求做起，可以多看客户评论，充分挖掘他们的需求。还可以利用大数据工具，获取客户的喜好和搜索内容，更有针对性地了解他们的真正需求。聆听客户想法是做好营销的基础。

（三）维护客户关系

在传统的营销模式中，销售产品时往往是直接进行销售，但作为客户来说，面对陌生的品牌、陌生的产品、陌生的销售人员，本身就是充满抵触和防备的，这时如果直接进行营销，只会增加客户的反感，影响品牌的好感度。而在初期的营销中，往往需要利用品牌的好感度来打开市场。在新营销模式中，就是要反其道而行，先与客户交朋友，通过聊天、推送文案、发布视频短片等方式，吸引客户，和顾客成为朋友，产生极高的信任度和依赖度，然后再以朋友的身份进行营销，这样的方式会让销售的成交率大大提高。现在，在抖音平台上，很多主播就是利用这种方式进行营销的，先拍摄一些吸引人的短片、小段子，可以是各种风格，搞笑的、煽情的、治愈的、时尚的等，内容也可以是多变的，科普的、旅游的、健身的、故事的等，在收获大量忠实粉丝后，再进行带货，进行营销，因为人气高会带来巨大的客户群体，同时，客户也会因为信任主播而信任其所售卖的产品，从而带来可观的销量。这样的营销是双向的，也是直接销售远远不能相比的。所以改变营销者的身份，先维护好关系再营销，是新营销模式下最有效的方法。

（四）发展潜在客户群

传统的营销模式往往是一对一的，如我们每天接到的各种推销电话、收到的推销短信，都是采用一对一的模式进行邀约。这种传统营销模式，对客户主动出击是对的，但没有针对性地主动出击，成功概率是极低的，没有针对性的营销，只能是耗时、费力，更重要的是，频繁给顾客打电话或进行短信骚扰，反而会让客户对此产生反感，从而对品牌产生抵触心理，不选择消费此品牌的商品。现在，企业要想求得发展，就要建立自己的潜在客户群，利用所谓圈人的方法将潜在客户转变为自己的忠实客户。例如，在微信平台中建立微信群、创建微信公众号，在抖音平台中建立粉丝团等，这样定期发布一些广告或是商品信息时，就更有针对性，针对的都是有意向或未来有意向的客户群体。将广告植入这些群体中，广告的影响力和植入力也会大大提高。

第三节　企业科技创新

一、企业科技创新的现状

（一）资金方面的欠缺

我国多数企业在科技创新发展的过程中，经常会因为自身实力背景的问题，以及资本投入的问题，受到各种各样的限制。如果在企业科技创新发展的阶段中，资金链出现断层，将会给企业造成致命的影响。在我国，多数企业都面临着转型过程中资金周转困难的情况。

（二）市场导向程度较低

市场导向是指对企业市场情况的整体把握，强调对客户、竞争对手信息的获取、分析与应用。市场导向有利于企业更精准地开展科技创新，进而为客户提供所需的新产品、新服务或整体解决方案。市场导向作为科技创新的核心动力，企业对其重视程度不高。部分企业科技创新的市场导向程度较低，缺乏相应的用户理念与市场营销观念，职能部门设置与管理不当，企业科技创新研发方向与市场用户需求存在脱节，进而导致企业研发的失败与创新资源的浪费。与此同时，在知识经济与网络经济时代，用户既是企业科技创新的最终满足者，也是企业创新活动的参与者。部分企业在用户参与创新活动中，存在互动创新平台管理不当、参与方式单一、互动渠道不通畅等问题，导致用户参与积极性不高，进而影响企业科技创新的实效性。

（三）企业融资难度不断加大

我国多数企业在实际发展的过程中，都会面临融资困难的问题，近几年我国已经出现倾斜政策，对企业融资的信贷管理适当放宽，但是依旧有部分企业融资时面临着许多的困难，特别是一部分中小型企业，由于融资的条件较为严格，审核的门槛设定较高，需要具有承担方担保才能够获得有效的融资。但是，从目前实际的情况来看，多数担保企业为了可以在融资过程中获得更大的经济效益，对利息的计算方式不断调整，同时融资企业还需要缴纳一定的保障金，这样的贷款融资模式，让企业在科技创新中的负债程度不断上升，而民间的信贷公司也会对企业施加压力，在这样的背景环境下，部分企业须面对较为严重的融资难题。

二、企业科技创新的基本路径

（一）加大科技创新投入

目前，虽然国家与地方政府出台了许多扶持政策，但对企业科技创新的支持力度仍不够。各级财政需要优先支持科技创新，扩大创新投资规模；避免"一刀切"策略，实行区域差异化补助政策；设立企业科技创新发展专项资金，加强各类科创基金的管理，切实加强对企业科技创新的金融支持。同时，政府还需要加大税收扶持力度，切实贯彻减、免、缓政策，缓解企业资金困难。另外，科技创新活动具有风险高、周期长、投入大等特点，导致企业科技创新融资困难，因此，必须建立起科技创新风险的有效分担机制，为企业科技创新提供保障，同时也有助于企业从资本市场上获取资金，保证科技创新活动的稳定开展。政府要注重培育和发展服务企业科技创新的金融服务机构，帮助企业拓宽融资渠道，鼓励金融机构开展商标权、专利权质押贷款业务，从而降低企业融资成本；加快实现科技与金融的深度融合，提升银行业、保险业对科技创新的认知，围绕创新链、产业链、供应链精准配置资金链，完善科技金融配套政策。企业本身也要认识到创新的重要性，积极投入创新。创新是一个高投入、高回报的活动，创新成功带来的经济收益是巨大的，政府部门要加强对企业研发投入与产出的考核，进一步明确企业科技创新的主体作用。

（二）培养科技创新型人才

1. 激发学员的学习动力

科技创新型人才的学习动力直接关系到培训成果，在其拥有强烈的学习动机时，培训效果自然会得到提升。虽然学习动力是由学员主观意识形成的，但也可以借助一些外在的手段来增强这种内在动力。

首先，设立学习目标。明确的目标比模糊的目标更能够激发人们的学习动力。如果相关管理者或培训师能够在培训过程中为学员设定明确的学习目标，并在学员能力范围之内，适当调高培训内容的难度，则可以激发学员实现此目标的热情与潜力，从而提升学员的学习动力。学习和培训目标对科技创新者提出新的挑战，学员们会在这种激励下，提升对培训内容的学习兴趣，在培训过程中也会更加认真严谨。

其次，由于科技工作更重视思维的创新与技术的革新，因此科技创新型人才通常具有强烈的竞争意识，不想落后于他人，也不想被时代淘汰。因此，企业可以针对不同工作岗位的具体要求、员工的知识技能水平及员工的切身需要，积极开展培训活动，并将竞争意识融入培训，这是激励员工积极学习的有效推动力。

最后，在培训过程中，要重视科技创新型员工的思想教育，同时渗透正确的工作观念，让员工养成良好的职业操守，用荣誉感、使命感和责任感激发员工的学习动力。

2. 营造良好的科技创新氛围

一是在我国全社会努力营造鼓励科技创新、宽容科技失败的良好氛围，引导更多的科技企业组织加强发展科技自主创新，引导更多的科技人才积极投身于科技自主创新，努力营造崇尚科技创新、学习科技创新、自主创新的良好环境。

二是加快建立支持科技企业创新的长效资本运作保障机制，克服反对科技企业创新的各种短期化消费行为，以及反对科技企业创新实践活动中各种急功近利的思想。

三是政府要进一步贯彻落实好国家现有的扶持政策。各级科技主管部门要科学合理安排财政资金进入投向，明确国家财政资金投入扶持的具体方向和企业重点扶持领域，提高财政资金投入使用的政策准确性和资金使用的绩效，真正充分发挥"四两拨千斤"的引导作用。

四是努力营造良好的科技金融服务环境，加快探索建立科技创业项目风险投资基金引导合作资金，推进政银企三方合作，开展国有知识产权产品质押信用贷款，为中小企业融资提供质押信贷贷款融资、信用贷款担保。

五是政府要进一步努力营造良好的科技服务金融环境。人才永远是企业的第一资源，将人才发展与企业发展进行同步规划，并且将企业发展建立在提高企业员工队伍素质的基础之上，才能真正地对人才的开发和社会的发展进行合理的统筹以及安排，确保双方协调发展。对于企业来说，要改变单一的用人方式，在企业内部推行全职与非全职结合的用人机制，对于现有人才，要进行分类分层管理，而人才评价方式也需要进行合理的完善，要让机制适应不同的岗位需求。

此外，企业要增加人才的引进量，在现有的基础上，从内部挖掘，从外部引进，逐渐实现企业的合理人力资源配置，也要杜绝岗位聘任过程中论资排辈现象的出现，要完善选人制度，成为伯乐，真正将优秀人才选拔出来，人尽其用，促进企业长远发展。

3. 为科技创新型人才培训提供环境支持

在企业管理中，特别是高层的管理者，对科技创新型员工的培训效果产生的影响十分深远，同时身边的同事对其的影响也较大。通常来讲，如果得到了领导和同事的有效支持，科技创新型员工会取得更理想的培训效果，这些支持可以称为环境支持。企业可以采用以下方法为科技创新型人才培训提供环境支持。例如，企业管理者与员工面对面进行沟通，让员工针对自身的优势和劣势、职业偏好及工作目标进行全面的自我评估，工作小组之间定期进行技术讨论，加强同事之间的交流与互动。此外，在对培训结果进行考核评价的过程中，企业管理者要谨慎采取奖惩措施，因为严厉的惩罚会伤害学员的自尊心，这对科技创新型人才来说更为重要，对于自尊心强又比较敏感的人来说，这种心理上的打击会严重削弱人才技术开发与创新的热情。同时，同事也应该支持科技创新型员工参加培训，在其参加培训时，帮助其完成日常工作，同时也要体谅和理解其在此过程中出现的错误，使其在培训中无工作之忧。

4. 有效整合资源要素，带动人才集聚

建立科技创新型优秀人才资源信息库，加强与国内科研院所的交流合作，吸纳优秀科研人员重新创业。大力帮助培养科技创新型优秀人才系统掌握我国现代企业管理科学理论，全面提升他们的创新创业意识、创新能力和科技创新工作效率，大力宣传、推荐、表彰行业中有一定突出贡献的优秀人才，提升他们的网络社会媒体知名度和行业影响力，同时加强与当地社会组织、人事、科技等有关部门的密切联系和协调沟通，积极争取对培养优秀人才的政策支持。不断优化人才培育激励机制和管理流程，适时推动成立企业人才孵化器、集成各类社会资源完善创新创业服务管理模式，优化企业工作管理流程，满足企业对科技信息、人才、资本等各个方面的各种个性化发展需求。制定完善适合企业转型发展不同阶段的企业扶持政策，加大企业扶持政策力度，加快探索构建一批科技创新企业的快速转型发展创新通道，培育一批自主创新能力强、成长性好、示范作用明显的一流大型科技创新企业。

（三）加强双创孵化载体建设

深入实施创新驱动发展战略，加强双创孵化载体硬件设施建设，培育提升双创孵化载体服务的能力。各地要以工业园区、农业园区等服务载体为基础，加强省级众创空间、科技企业孵化器的培育申报工作，制定培育、成功申报2家以上省级众创空间或省级科技企业孵化器的任务目标，并积极帮助孵化载体培育建立技术创新中心、重点实验室、产品检测中心、产业发展信息中心、人才培训中心等公共服务平台，完善孵化功能，为企业科技创新提供优质服务。制定双创孵化载体鼓励机制，鼓励省级众创空间、科技企业孵化器等服务平台成为培育科技型企业、高新技术企业的重要力量。鼓励双创孵化载体搭建银行、担保、创业投资等金融机构平台，为企业科技创新提供投融资服务，推动企业科技创新。

（四）加大创新与科技成果转化力度

科技创新对企业生存发展的影响是一个不断演化的过程。企业管理者应拥有长期发展的战略眼光，避免市场短期行为导向。企业在自身资源能力有限的情况下，一方面，可以谋求外部合作和支持，另一方面，也可以通过自身组织变革，来进一步提升科技创新活力。组织是企业有序进行科技创新活动的基础与保障，帮助企业实现内部环境与外部环境的有效对接。组织需要适时进行变革，建立科学、规范的制度机制与内部管理机制，整合文化、环境、目标与人才，激发员工与企业组织的创新动力，提高组织科技创新能力与绩效。从事科技创新活动的员工多是知识型人才，适合扁平化的组织管理结构，可通过营造民主、自由的组织文化氛围，使员工充分参与企业创新决策，有效满足其对自我价值实现的需要，更有利于个性化创新活动的开展。企业科技创新是一个复杂的过程，需要各类服务的支持。科技中介服务机构是将科技技术产业化的重要桥梁。政府部门需要大力培育高质量的科技创新服务平台，支持企业与高校、科研院所合作建立科技创新中心等创新研发平台，加强科技成果评估与金融、法律等的专业技术服务；完善和做实"创新成果＋园区＋基金＋'三重一创'"的科技成果转化"四融"模式。同时，政府也要重点围绕高新技术产业与新兴产业，建立与完善相关具备基础性与通用性的创新服务平台，为科技创新活动提供便利与支持。

第四节 企业环境创新

一、企业环境创新的影响因素

（一）外部因素

"波特假说"认为与普通的创新活动相比，环境创新是一种驱动性较弱的公共产品；相比于技术拉动和市场推动而言，环境规制更能激发企业的环境创新积极性。传统的创新理论认为，由于组织的研发活动本身存在较大的不确定性，企业不会采取轻易冒险的态度来预测环境创新可能带来的经济利益，而是会凭借以往创新的经验或习惯以实现经济利益最大化的目标,同时环境规制作为企业外部环境必不可少的压力源,使得企业不得不进行创新活动。

通过梳理以往研究文献,环境规制可以通过以下两种机制对企业环境创新产生影响:一方面,当外界环境对企业施加严格的环境管制时,企业会为了获得合法性而采取与环境标准相符合的工艺流程,否则企业将会面临政府给予的处罚,这不仅会影响企业形象,给企业带来严重的经济损失,而且还会增加企业额外的环境遵从成本。当这项成本高于环境创新活动投入时,环境规制就会激发企业积极主动地进行环境创新行为。另一方面,随着人们对环保认知的加深,企业也逐渐认识到面临严格的环境规制,有必要提升企业的资源利用率和技术创新水平,对此企业会更加主动地进行环境创新行为,以更好地应对投资不确定性,提升企业形象和市场竞争力。就利益相关者与企业环境创新之间的关系研究而言,有关政府单位作为环境规制的基本制定者,是对企业施加压力的重要外部利益相关者,而利益相关者理论为进一步探讨媒体、消费者等其他相关者与环境创新之间的关系提供了强有力的理论依据。

在影响环境创新行为的因素中,制度压力是最重要的外部驱动力量,但目前学术界对于两者之间的关系还没有得出一致结论。有研究认为企业的环境创新活动在环境合规和经济绩效之间具有中介作用,即环境合规可以通过环境创新间接影响企业的经济绩效;也有研究显示,环境创新在环境合规和企业经济绩效之间具有调节作用,即当企业环境创新程度较高时,环境合规和经济绩效之间的正向关系会加强。尽管如此,也有学者指出,虽然制度理论指出企业遵从外部压力是为了获得合法性,不是为了获取短期的经济利益,但满足企业利益相关者的需求,也是企业实现长期可持续发展的基础。倘若企业一味地以追求短期利益为经营目标,这将会倒逼企业采取保守战略或机会主义战略来应对外部环境对其施加的环境规范压力和公众监督压力。也有部分学者认为环境规制不会影响企业的环境创新行为,甚至会抑制环境创新行为的发生。在研究环境合规、企业研发投入与环境创新之间的关系时,用污染治理费用来衡量企业的环境规制,研究结果显示环境规制与企业的研发投入之间存在显著的正向关系,而与环境创新之间没有显著的相关关系。

(二)内部因素

当前,环境创新内部驱动因素的研究主要基于组织与管理理论、态度行为理论及高阶理论。

根据组织与管理理论，企业的环境创新行为会受到企业本身的规模及组织内部结构的影响。相比规模较小的企业而言，规模较大的企业会拥有更多的资源和能力来进行环境创新，同时也会更加注重自己在行业内的示范作用，所以会积极地承担环境责任，主动地进行创新行为。外部制度压力并不是企业进行环境创新行为的唯一驱动力，对组织内部资源进行统筹配置才是关键所在。随着社会各界对于环保认知的不断深入，股东对于企业环境创新的要求也会越来越高，这就使得中小企业会积极主动地进行产品生产及制造流程等环境战略方面的创新，以满足股东需求从而获得股东支持。虽然中小企业存在规模小、资历浅、资源能力不足等问题，但可以借助组织灵活性和供应链整合等方式来改善创新环境，并提升创新能力。企业在现有市场中的地位及组织的层次结构会调节外部制度压力与企业环境决策之间的相关关系。同时当企业拥有应对环境压力的相关资源时，也会以更高的环保标准来要求自己积极主动地进行创新。因此，具有不同组织结构的企业即使面对同种制度压力，所采取的环境保护措施也会有所不同。

从态度行为理论角度而言，企业主动采取环境创新战略会受到管理者创新精神、企业本身的环保认知及企业环保排行榜等内部因素的影响。管理者的创新精神是一种勇于开拓、积极进取的精神力量，主要产生于管理者对新生事物的接纳及勇求变革的心理追求，这是推动企业快速成长的重要力量。当外部环境制度对企业造成压力时，拥有创新精神的管理者更能帮助企业抓住机遇，积极主动地制定与环境制度相关的战略，并进行创新活动。管理者的创新精神能够激发企业的环境创新行为，同时通过培训提高内部员工的能力及企业的资源整合能力，也能促进企业的吸收能力和环境创新行为。另外，实证研究提出企业的环保精神越强，越会在清洁技术研发方面投入更多。由于经济利益无法在实施环境创新活动以后立刻实现，但是具有环保主义精神的企业会以企业的长远发展为导向，积极主动实施环境创新战略以获得组织外部的合法性并满足股东、消费者等外部利益相关者的需求，从而提升企业在外界同行中的竞争力并树立良好的企业形象。

基于高阶理论，可以认为高层管理者的承诺、长期的企业战略、对重大项目的长期承诺及高层管理者对风险的接受程度等都是环境创新持续的决定条件。也就是说，当管理者对环境积极地进行关注时，就会有一种创新的倾向。利益相关者的压力不会影响企业环境创新战略的实施，而环境创新战略的实施则会提升企业的经济绩效。

二、企业环境创新的现状

（一）企业环境管理法律意识薄弱

在发展过程中，对无法直接产生经济效益的环境管理，部分业不会高度重视，环境管理法律意识薄弱。追溯大量环境违法案件，企业直接排放超标物质而酿成的恶性环境事故屡见不鲜，这些企业都是在受到环保处罚后，才去了解环保法律法规的相关要求，同时付出了相应的代价。

（二）政府环境监管欠完善

面对日益严峻的环境形势，政府执法部门要进一步加大执法力度，才能够打击企业环境违法行为。当前政府环境监管工作存在的主要问题如下。

1. 环境监管队伍整体素质参差不齐

尽管近些年来国家和各级政府对环境监察建设给予了大力支持，各地在监管人员招考中也进行了非常严格地把关，但因为历史遗留问题，现有监察人员的业务能力和装备水平与环境保护工作的现实需要相比，差距较大。具体表现为日常执法工作多凭经验办事，有法不依、执法不严、违法不究的现象依然存在；部分执法人员存在以情代法、以权代法等问题，在执法过程中为一己私利，徇私舞弊、随意执法的现象时有发生。

2. 监管不够全面到位

监管不够全面到位主要体现在监管检查上缺项、漏项，比如到企业检查只是例行公事，就简单查看一下在线监控数据是否超标，而对企业是否有违法操作、污染防治设施是否符合标准全然不知，也没有按照基本的监察要求对企业一一检查。

3. 执法力度不够

有些基层环保单位"狠不起来"，甚至不敢秉公执法，更主要的是自身实力不硬，比如基层监管人员技术能力不足、重要的环境基础数据缺失，造成监管单位难以精准地对环境违法行为进行处罚，甚至有个别地方的环保执法者与监管企业存在利益关联。

三、企业环境创新的基本路径

（一）加大环境管理宣传力度

对于企业来说，每位员工都要树立环保观念，才能在生产与经营中时刻兼顾环境保护。为了更好实现此目标，需依靠企业内部、政府相关部门的宣传。对于政府部门来说，可以成立专业的环保部门小组，并相应设立各小组的管辖区域，让各小组定期监督自身负责区域的环保情况，保证将各项措施落实到位。企业的生产和环境保护密不可分，作为企业要清晰认识到环保的重要性，将环境管理纳入企业的日常管理中。在企业内部加强环保宣传工作，对国家制定的与环保相关的法律法规贯彻落实并严格执行，使员工环保意识得以增强。此外，地方政府还应建立相应的惩处制度，在严格的制度监管下，强化企业的环保意识。

（二）加大政府部门环境监管力度

在现代政府的职能体系结构中，监管是不可或缺的重要职能之一。要处理好政府和企业的关系，更好地发挥政府的作用，实现有效的政府治理，必须进一步改进政府监管工作，提高政府监管水平，强化政府监管职能。要加强环境监管执法队伍建设，大力提高环境监管执法人员的思想政治素质、业务工作能力、职业道德水准。现有环境监管执法人员要全部进行业务培训和职业操守教育，经培训考试合格后才可上岗；对于新进人员，坚持实行"凡进必考"，择优录取。研究制定符合职业特点的环境监管执法队伍管理制度和有利于监管执法的激励制度。

当地政府要将所在区域划分为若干环境监管网格，并逐一明确监管责任人，落实监管服务举措。各有关部门也要进一步强化跟踪督查，严格落实网格化监督管理措施。各市、县政府环境保护部门均负有环保行政监督和执法监察责任，由此加大环保现场监督检测、随机监督抽检力度。环境保护重点地区、流域地方各级人民政府主管部门要进一步加强环境保护协调和监管，实施环境保护统一行政执法、区域联合执法和部门交叉执法。

（三）将环境创新纳入企业的战略规划

企业作为环境创新的主体，要将环境创新纳入企业的战略规划中。很多企业无法适应当地政府不断提高的环境标准的重要原因之一就是企业本身缺乏环境方面的远期规划，有些企业虽然资金与技术充足，但是由于其惰性思维未将绿色发展纳入自身的战略规划，仅在政府出台政策后进行被动的应对。为了获得组织合法性和竞争优势，企业应该把对生态环境的保护放入企业的发展规划中，并且在环境政策愈发严格的基础上主动积极实施高于环境标准的环境创新行为。

（四）注重多种层面的环境创新行为

除了重视技术层面的环境创新，经营层面，特别是环境管理层面的创新同样重要。很多企业由于环境管理体系不够完善，没有办法认识到环境创新下的环境绩效，特别是经济绩效。这也是企业无法正确意识到企业环境创新行为的潜在收益从而不愿主动选择实施环境创新行为的重要原因，因此，企业应该开展多种形式的环境创新活动。

第五节　企业技术创新

一、企业技术创新的相关概念

（一）企业技术创新的概念

创新一词最早在经济学领域出现，得益于美籍经济学家熊彼特在1912年出版的《经济发展概论》，他指出创新的目的是获取超额收益，通过生产要素和相关生产条件相匹配，完成生产函数的转变。他将创新分为五种类型。从创新时序的角度对技术创新定义，他突出强调企业技术创新包含从发现技术创新潜力到实现技术、应用技术、生产产品的整个流程。将创新的整个过程，如从创新思想的生成到产品的设计和技术的扩展，直至产品生产营销市场化，称作知识的转换和运用过程，其实质是新技术的产生和应用。

（二）企业技术创新的特征

1. 创造性

企业技术创新最基本的特点即创造性，根据已有定义可知企业技术创新是利用现有的资源和已有的生产条件加之具有创意性的想法而实现的，生产出的产品具有新颖性和创造性。

2. 不确定性

企业技术创新的不确定性分别体现在技术层、市场层、制度层和收益层四个层面。技术层的不确定性指当前研发技术的未来前景和商业价值具有不确定性，市场层的不确定性指技术创新成果能否满足市场和社会需求，制度层的不确定性指当前企业技术创新的发展方向是否与未来政府的意向相契合，这三方面的不确定性构成企业技术创新收益层的不确定性。

3.高风险和高收益性

因为企业技术创新在未来具有不确定性，任一方面出现偏差则昭示着企业技术创新的高风险性。反之，企业技术创新的高风险性使其成为少数企业的活动，因此只要企业在该创新成果上取得成功便会收到可观的收益。

二、企业技术创新的影响因素

近年来，企业技术创新的相关研究热度有增不减，大概分为两类，一类是对公司创新绩效的研究，另一类是并购、政策和公司治理等因素对企业技术创新的影响研究。这两类研究大多采用定量研究方法，企业技术创新的定量研究在一定程度上能够揭示出企业经济发展的现实路径，但是无法科学地反映出企业技术创新的内在机理和深层逻辑。而采用定性研究方式对企业技术创新影响因素进行整合和系统梳理分析，能够发现影响因素的作用机理，实现企业的长期高效发展。

（一）公司治理

公司治理在企业技术创新中发挥着重要作用，能够推动企业进行技术创新。公司治理可细分为组织结构、股权结构、资本结构、激励模式、企业文化、社会责任等。公司治理对企业技术创新起着决定性作用，公司治理促进企业技术创新，从根本上增强了企业绩效和经营动力，提升了企业技术创新能力，推动了企业创新发展。

在研究企业技术创新形成和影响因素的诸多文献中，组织结构被作为企业内部的重要因素，随着技术创新的发展逻辑来调整组织机构，找出两者之间的内在互动关系，对企业技术创新能力的提升有积极意义。

影响企业技术创新的因素有很多，但是在诸多影响因素中，文化因素具有决定性作用，企业文化氛围能够直接影响到创新之后的绩效表现，处于绝对核心地位，创新文化能够为企业技术创新提供充足动力，企业进行文化创新能够吸引并留住优秀人才，提升员工创新的积极性，促进企业的长远发展，对企业技术创新有明显的推动作用。

部分学者认为，高管激励模式和股权集中度的促进作用相对显著。还有学者认为实施社会责任战略有助于吸引高质量人才的加入，激发员工的活力和创造力，促进企业技术创新能力的提升，而社会责任表现较好的企业相对更容易获得政府和银行等债权人的青睐，获得外部资源，提高资源配置效率，促进企业技术创新行为的实施。另有学者指出，公司的股权结构是公司治理的基础，若股权集中在大股东手中，技术创新会表现为先升后降，而高管持股多则支持企业技术创新，从而影响企业技术创新的进程。

（二）产业政策

产业政策对企业技术创新有着重要的促进作用。当前学术界将产业政策与技术创新之间的影响效应分为激励效应和竞争效应，目前尚未统一观点。学者余明桂以上市公司专利申请量作为技术创新的衡量指标，通过实证检验得出产业政策中的信贷和税收机制、市场竞争机制和政府补贴均能提升政府重点扶持鼓励行业的企业的技术创新水平，但只有市场竞争能拉动一般扶持鼓励行业的企业进行技术创新，其他结果均不显著。其中，产业政策对政府重点支持领域中的民营企业的技术创新效果特别突出。学者冯鹏飞以上市公司技术创新资金的投入为根据创制 DID 模型，检验了产业政策与被扶持企业创新效率之间的影响关系，发现产业政策对企业研发强度的作用有先升后降的趋势。学者孟庆玺等通过实证检验发现产业政策对技术研发资金投入有着显著的促进作用，但以专利申请量与研发投入之比作为指标时，产业政策对创新效率的促进作用不显著。特定产业的政策扶持会抑制竞争机制带来的激励效应，由此，仅依靠政府补贴政策，并不能有效促进企业研发投入水平的提升，而且还可能导致企业依赖政府补贴资金，对企业技术创新产生反向效果。虽然政府更倾向于引导扶持有创新活动的企业，但是由于政府与企业之间存在信息不对称的问题，可能会导致企业为了迎合政府政策，追求创新的量多于质，形成策略性创新而非实质性创新，而高质量的实质性创新才能够长远推进企业高效发展。

（三）外部环境

基于利益相关者理论，随着现代产业结构的更新升级以及信息化程度的日益提高，企业越来越成为外部生态链中的重要一环，企业技术创新能否顺利实施不仅依赖于企业自身因素，还需要考虑到外部的环境及外部的各种影响因素。企业所处地域的科技投入水平和创新环境与企业技术创新程度之间关系紧密。投资者保护力度大、产权保护和金融发展水平高的地区，企业的技术创新能力在研发投入和产出越多情况下越能够得到显著提升，且明显高于其他地区。有学者指出良好的环境规制对技术创新具有激励效应，能够减少技术创新的不确定性，提高技术创新的信心，增加研发投入，为企业创新能力的提升产生积极作用。也有学者认为环境规制抑制企业技术创新，环境规制会增加企业的生产成本，影响企业的利润水平，减少了用于技术创新活动的资金，会抑制企业进行技术创新。公开透明、便捷高效的营商环境（行政和法治环境）能够减少技术创新活动的外部不确定性，提升资源配置效率，进而促进企业技术创新。

三、企业技术创新的基本路径

（一）发挥市场的技术创新效应

一是积极引导绿色创新的市场需求，精准帮扶企业技术创新产品的市场投放与推广，增加产品关注度和曝光度，尽可能降低其市场风险；二是利用好市场预期收益的牵引作用，积极向公众宣传企业的技术创新产品及服务，建立健全企业技术创新买卖服务平台，形成以质谋利益、求竞争力的长效发展机制；三是灵活运用市场导向政策，鼓励企业开展低能耗、零排放的技术创新，积极开拓企业竞相技术创新、合作创新的新局面。

（二）利用产业政策助力企业实现技术创新

目前，我国部分企业的技术创新效率的提升仍然主要依靠非发明创新，技术创新的发展效果尚不明显。因此，我国应利用产业政策推动国有企业和非国有企业积极开展高技术含量的专利技术研发，强化企业在专利发明与申请中的资金与成本投入，使企业逐步实现由技术创新驱动企业发展，从渐进式创新的现状过渡为突破式创新的发展方向，让企业的技术创新与发展实现质的突破，同时企业创新技术的突破式发展也能够推动产业结构的改革升级，进一步实现国家经济发展的振兴与突破。通过产业政策强化企业的技术创新能力可以使企业在技术创新驱动下占据行业创新发展的主体地位。从战略层面以技术创新作为经济发展的重要支撑，可以让企业汇聚各方面的人力、资本等创新要素，尤其是企业在自身资源优势的基础上，利用产业政策重点提升自身技术创新能力，可以使自身创新发展逐渐脱离外观设计创新与提高实用性的阶段，更深入地探索产品内核与生产方式的创新与突破，从本质上提升自身的产品技术含量，从而提升企业的国际竞争力。在产业政策中，政府应加大对企业技术创新的信贷支持力度与补贴扶持力度，从而带动企业落实创新驱动发展战略。同时，产业政策中应加强对人才的培养、保护与引进，制定人才兴国战略，培养更多能够助力经济发展与企业技术创新的战略性科学家与高素质人才，形成技术创新的核心人才战略力量，扩充人力资源库，在人才的支持下实现关键核心领域的技术突破。

（三）完善财政补贴促进企业技术创新

1. 增设研发活动

在完善企业技术创新与财政补贴的关系时，各企业管理层要在日常经营中增设更多的技术研发活动，合理利用活动内容，切实提高技术创新水平，为此后政府部门的财政补贴创设更多机遇。在设计增加技术研发活动时，企业管理层需要将内部经营发展目标与技术创新手段相结合，将该项内容数据投放到对应的研发活动中，有效控制相关研发活动，适时改善技术研发创新的实际状态，增强内部技术创新的针对性，利用对该项数据信息的合理规划，切实保障财政补贴的使用效果。同时，在增设研发活动时，相关部门要加强对高新技术企业的关注，为更多的研发活动拨付适当的财政补贴资金，通过对该项内容的合理规划，有效增强政府部门财政管理的针对性。此外，针对更多技术研发活动的开展，若想提高该类活动设计应用的有效性，需开发出符合企业发展的研发技术，并对该研发技术的使用与执行提出更多有效性建议，在该项建议目标的影响下，加大政府部门的财政补贴拨付力度。

2. 科学控制研发技术手段

在完善财政补贴系统的内部工作数据后，相关企业要在日常工作中，及时控制与更新研发技术手段，全面改进技术研发工作，有效确认财政补贴的应用效果。在改善财政补贴和企业技术创新的关系时，相关部门要明确两项内容数据之间的相互适应性，即利用合适的财政补贴来提高技术创新水平，因而科学控制研发技术手段就变得较为重要。企业管理层在内部经营中，需要适当更新更多的高新技术，定期检查高新技术设备中的内部软件与各项功能，及时发现技术创新过程中可能存在的各项隐患，通过对隐患的合理解决，切实提高高新技术创新质量。此外，在控制研发技术手段期间，还要与当前的财政补贴资金相结合，适宜把控该项资金，有效更新更多的技术手段，为企业此后的软件更新奠定坚实的基础，增进财政补贴对企业技术创新的积极影响。值得一提的是，相关部门在日常管理中，应实时关注当前企业技术创新的发展趋势与市场状态，合理探索该项内容数据，有效完善财政补贴工作，让更多的高新技术企业获得该项补贴资金。

3.构建合适的财政补贴系统

为增加企业技术创新与财政补贴的融合性,相关部门在日常工作中要主动构建合适的财政补贴系统,并借助该补贴系统增强高新技术创新发展的持续性。在规范财政补贴系统前,相关部门需要对当前市场内的各类企业进行深入研究,及时明确企业的经营性质,通过对该项内容数据的有效规划,制定出符合财政补贴的目标,贯彻执行该项目标,以全面提高财政补贴与技术创新的融合度。在满足财政补贴的具体拨付目标后,相关部门还需要科学调查不同企业技术创新的情况,根据其技术创新发展的对应趋势,为其拨放合适的财政补贴数额。企业管理层在发展高新技术的过程中,要制定符合技术创新与发展的目标,并将该目标放在具体的经营计划中,根据其技术创新的发展计划,确定适宜的财政补贴金额,提高财政补贴工作的针对性、有效性,提升财政补贴系统的应用效果。

第六节 企业品牌创新

一、企业品牌概述

(一)品牌概念和发展

1.品牌概念

现代品牌指的是19世纪资本主义制度确立后所出现的品牌。受到经济的影响,生产规模不断扩大,商品层出不穷,消费者急需一种可以辨别商品的标志,品牌由此广泛流行。对于品牌的概念不同学者在各自领域都有自己独到的见解,最权威的是美国市场营销协会(AMA)在1960年所下的定义,认为品牌是名称、术语、标记、符号、设计,或者将其组合起来凸显自己产品特征,用以区分同类产品。简单来说,品牌即产品(品类)名牌,用于识别产品(品类)或是服务的标志、形象等,其所传达的是企业的经营理念、企业文化、企业价值观及对消费者的态度等。这个定义被后来很多学者认同,并借鉴运用到自己的理论研究中。英国广告大师大卫·奥格威(David Ogilvy)于1963年提出品牌概念,他认为品牌是一种复杂的象征,包括了品牌的属性、名称、包装、价格、历史、声誉、广告风格等,消费者会通过自己的使用印象和自身经验对品牌产生一定的界定。这一概念强调了消费者的重要性,具有一定的开创性,从关注表层层面上升到抽象、内涵层面，推动了对品牌更深层次的思考。美国品牌管理大师戴维·阿克（David Aaker）认为品牌不只包括品质、属性等产品方面的内容，还应该包括可以与消费者建立起情感联系的内容，比如品牌个性、符号、自我表达等，进一步阐述了品牌概念，指出品牌涉及消费者的方方面面，是消费者的一种整体认知，不光和产品相关，与企业自身、文化理念等也相关联。

2. 品牌发展

根据上述学者对品牌所下的定义，可以将品牌的发展大致归纳为三个阶段。

第一阶段将品牌视为一种标记。西班牙的游牧部落在自己的牲畜身上打上特有的烙印，以便在交换时区分自己和他人的牲畜，英文中品牌"brand"一词就有烙印的意思。这一时期品牌主要是区分商品的一种认知符号，消费者通过此符号搜索商品和选择特定产品。

第二阶段将品牌看作一种象征。人们开始对产品进行比较，对不同的产品有自己的理解并进行选择性购买。这时品牌能够创造差异、确定标准、体现价值，具备一定个性，是一种无形资产，也是消费者身份的象征。品牌可以凭借良好的品质和信誉获得更多的客户群体，提高品牌忠诚度。

第三阶段品牌具有更深层次的意义。商品同质化严重，仅从质量、功能层面进行提升，无法满足消费者需求，品牌需与消费者进行更深层次的连接，探索其深层次的诉求，使消费者能够感受到不同品牌的产品和服务存在的不同特点和价值，能与消费者产生共鸣，赢得消费者的信任，在消费者心中构建起独特美好的品牌认知，促使消费者产生积极响应。

品牌概念和发展是从显性层面到隐性层面不断深入和演进的过程，同时消费者对品牌的需求关注点也发生了根本的改变，依据马斯洛需求层次理论进行分析，当消费者的基本需求被满足后，转而追求更高层次的心理需求，直到自我需求的实现。因此，消费者对品牌的体验不仅仅是功能性的产品和服务，更加注重品牌所给予的感受和联想，并以此标准进行选择和购买。

在市场竞争日趋白热化的今天，品牌对企业的发展至关重要，其塑造成功与否决定了一个企业能否长期稳定发展，也是提升产品附加值的重要因素，并吸引目标消费者与之建立稳定的关系。

(二)企业品牌建设价值

1. 赋予产品意义符号

通常企业以提升产品的功能和质量作为宣传点,以便赢得消费者对产品的肯定和喜欢。但是伴随产品同质化日益严重,同类产品竞争愈发激烈,消费者越来越注重情感上得到满足,选购产品时更加注重心理需求。品牌能够赋予产品生命力,使消费者在使用产品时不仅能够获得良好的使用体验,还能满足精神需求,从而树立特有的形象。

2. 提升企业产品竞争力

当消费者愿意购买某品牌的产品,形成再购买意识则肯定了这个品牌的价值,会逐渐形成品牌效应,该品牌最终获得一定数量的忠诚客户,拥有稳定的消费群体,从而提升市场份额,提高企业知名度。当企业品牌涉及其他领域时,消费者潜意识与品牌进行联系,品牌的作用得到延伸,更容易扩大企业规模,提升企业的经济实力,提高品牌的竞争力。

3. 展现良好的企业形象

企业赋予产品品牌内涵,使产品具有精神意义。消费者以产品本身的功能和口碑为基础,通过使用体验建立主观感受,从而深入了解品牌背后的故事、意义、价值和文化,对品牌产生认同感。通过品牌,企业可以更好地展现良好的企业形象。品牌不仅代表商品,更代表一个企业的整体形象,可以让企业获得更大的利益。同时,品牌也是衡量一个国家和地区经济发展、人民生活水平的重要标志,目前国家出台相关政策鼓励企业进行品牌创新,企业也意识到品牌建设的重要性,不断将品牌提升到企业发展战略高度,加强产品创新以完善品牌服务,满足消费者的生理与情感需求,推动企业品牌发展。

二、企业品牌创新的必要性

(一)企业转型发展的内在需求

经济新常态下,传统销售场景内的时空格局、渠道选择、需求限制等被全面打破,形成了极具开放性、包容性的市场环境,使得许多企业都面临着较大的产品营销压力。许多企业为清理库存,采取降低价格的方式提高产品性价比,在一定程度上缓解了营销压力。但一旦形成行业范围内的价格战,必然会急剧压缩盈利空间,最终产生劣币驱逐良币的问题,严重破坏市场秩序,不利于企业健康发展。如果将重点放在品牌建设与管理上，提高品牌影响力，塑造良好品牌形象，保持与消费者"强关系"，就能够提高品牌价值，进而促进企业战略资产及核心竞争力的提升。

（二）消费升级下消费者的需求驱动

目前，消费升级正在进行，且已经成为广泛的行业共识，在此背景下，消费者的消费行为也出现了品牌化特点。以往，消费者基本是被动接受企业营销的产品或服务，自主选择性不强，但电商时代，消费者已经成为话语掌控者，与企业之间的信息不对称正在被全面消解，消费者能够快速完成产品替代与更换。这就使得消费者对产品要求显著提升，更加强调性价比，而企业的品牌就成了其评判产品质量的核心要素。随着电子商务、直播带货的成熟发展，品牌影响产品选择的重要性将进一步凸显，品牌将成为强化用户黏性、拓展产品附加值空间的关键。

（三）产业升级发展的现实诉求

面对复杂的市场环境，行业竞争的重点正在转向技术化、品牌化竞争，对此，我国政府也出台了一系列支持性政策与鼓励性文件，将品牌化建设视为产业升级发展的重要路径。整体来讲，我国企业的国际竞争力整体不高，在产业链布局、技术研发投入、创新人才建设等方面，与西方发达国家依然存在差距，特别是品牌附加值差距明显。为此，要想提高国际市场品牌竞争力，实现民族企业的国际赶超，就必须加强品牌建设与管理，促进产业升级发展，提高行业综合竞争力。

三、企业品牌创新的现状

（一）企业品牌意识不足

我国企业在发展的过程中，由于品牌观念意识的形成比较晚，品牌的发展有一定的滞后性。企业管理者没有意识到品牌的重要作用，认知和理解过于单一和简单，没有真正地认知到品牌对企业发展的重要作用，对品牌的认知不清晰，只认为品牌就是一个注册商标，只代表产品的名字，没有形成品牌塑造、品牌营销的意识，长此以往，对企业的做大做强和可持续发展会产生一定的阻碍。部分企业注册的商标在企业文化上没有体现出发展的内涵，很多商标在设计上也缺乏明辨度和感知度，不能让人记住和辨识。另外，企业商标缺乏企业文化内涵，覆盖经营范围过广，并没有集中在优势产品上使用，而是所有产品泛化使用。

现阶段，部分企业对品牌营销的认知还停留于表面，对品牌的内涵没有深层次的了解，没有深入分析品牌的六个层次，即属性、利益、价值、文化、个性、用户。在这样的情况下，企业的发展多重视经营产品、经营渠道和促销手段的改进，而不是品牌的经营，因此，即便有高质量、高品质的产品，也往往会因为品牌、品牌营销意识的淡薄，不重视品牌的塑造和推广而不能很好地将产品的优势呈现出来，导致没有获得很好的市场经济效益。

（二）企业品牌管理理念落后

品牌管理理念落后是导致品牌管理失效的直接原因，主要是意识层面的问题。一是将品牌简单等同于产品质量或者商标等。这种品牌管理理念属于比较传统的理念，与数字化时代的发展并不契合，现代品牌管理理念包含企业价值和文化等方面的内容。二是企业未意识到品牌建设动能的改变。一些企业并未意识到数字化时代带来了全新的媒体渠道、表达方式，依然沿用传统的品牌建设方式，自然会与时代发展脱节。例如，某日用品企业一直沿用传统的品牌管理理念，还简单地将品牌等同于产品质量，认为只要质量过硬不进行品牌宣传也无所谓，品牌建设模式以依靠传统媒体宣传为主，造成品牌管理理念落后，市场份额迅速被其他品牌企业占领，近年来业绩一路下跌。这家企业的案例充分说明，数字化时代落后的品牌管理理念会导致企业市场份额被挤占，最终可能面临被淘汰的风险。

（三）缺乏创新型品牌营销手段

时代在发展，消费者心理和行为随着时代的变化会逐渐产生一些变化，但如今一些企业对于市场环境和消费者情况调查不彻底，实施的营销策略没有经过实践检验，达不到理想的效果。一是因为企业管理者为了节约企业成本，避免资金压力选择成本较低的营销手段，缺乏远见。二是实施的营销策略没有新意，在市场上无法掀起热潮，从而导致品牌管理市场营销的系统性不强、综合性薄弱、创新性不足。个别企业不注重对品牌营销进行战略布局，失去了打造品牌文化的重要机会。

四、企业品牌创新的基本路径

（一）搭建新媒体传播平台

企业的品牌营销并不仅仅是产品的营销，而是通过对市场的整体板块来实现进一步创新，因此，互联网环境下企业应当通过不断地优化新媒体结构的方式来搭建与企业发展相适应的新媒体平台，这样不仅能够促进互联网环境下企业的品牌营销，而且也能够促进企业品牌建设的核心发展。从目前我国企业的新媒体结构方式来看，多数企业都将新媒体的阵地放在微信公众号上，这种微信平台尽管能够实现企业品牌营销在互联网环境下的推广，但是由于平台较为单一，无法形成新媒体矩阵，在网络化传播过程中，无法形成矩阵效应，不利于企业品牌营销的进一步发展。在新媒体建设的过程中，企业应当不断地拓展新媒体，构成打造集微信、微博以及短视频平台等各种方式为一体全覆盖的新媒体平台，这样既能够通过各种平台和渠道来展示企业的品牌形象，同时也能够通过信息传播及舆情管理等各个方面的建设来强化企业的品牌营销。在此过程中需要注意的是，企业应可将重心放在短视频平台上面，通过利用视频的方式来塑造企业的品牌形象，这样不仅能够使品牌营销的内容更加丰富，影音效果更加突出，也更加符合网络用户的接受需求，能够全方位地帮助企业展现产品特点和工作内容。

（二）完善顶层设计

企业的品牌管理，必须树立现代化管理思维，充分学习借鉴国内外成功模式与经验，加强思想重视，强化品牌建设，积极构建符合自身实际的品牌管理体系。具体来讲，企业要以经营战略为导向，以塑造强势品牌为核心，制定完善的战略规划，为品牌管理设定目标、方向和指导方针，为品牌管理活动制定流程与标准。可以说，完善的顶层设计，是企业品牌管理高效实施、长效生成的根本前提。

1. 明确品牌战略规划目标

企业品牌战略规划的目标有两个，一个是持续提高产品或服务质量，强化品质优势，提高用户满意度；另一个是全面实施革新，积极拓展新的业务空间，提高市场占有率。在品牌战略规划实施过程中，企业要依据实际业务结构，构建以品牌知名度、用户满意度为核心的量化指标体系，以增强后续品牌管理的可操作性。同时，要从内化、外化两方面入手，在提高内部治理能力的基础上，加强品牌宣传推广，确保内外联动，同步推进，切实提高管理质量。

2. 明确品牌战略规划内容

企业要加强品牌管理现状审视，明确实际问题所在，然后在战略规划目标的指导下进行内容细化，从品牌文化、品牌维护、品牌意识、品牌忠诚度等方面入手，构建完善的品牌管理体系。具体来讲，就是形成集细化品牌定位、加强品牌维护、加强品牌危机管理、注重品牌创新、加强品牌文化建设等为一体的品牌化战略布局，确保后续品牌管理实施的系统性、规范性和有效性。

（三）构建企业品牌营销思维

结合企业市场营销策略的发展可以看出，传统的营销理念已经难以适应信息时代的发展，为了保障营销效果，企业需要不断地创新品牌营销策略，以创新型的营销理念来推动企业品牌市场营销战略的进一步发展。一方面，企业应当将"互联网+"的思想融入日常的品牌营销理念中，结合企业品牌营销的发展优势来进行调整，既要充分地凸显企业品牌的整体形象和价值，也要结合产品的特点以及企业的发展，利用互联网进行有效的宣传，从而收到良好的营销效果。企业应当在营销理念的创新过程中进一步明确核心内容，既要从创新员工思维模式的层面出发加强专业素质建设，也要结合品牌营销人员的创新理念进行优化调整，这样不仅能够适应企业品牌营销战略的进一步创新，而且也能够直接对接消费者的市场需求，进一步调整企业的品牌营销策略，实现创新化发展。

（四）深入推动数字化技术赋能品牌管理

1. 依托大数据技术实现企业品牌精准传播

大数据技术可以实现对海量数据的自动收集与分析，在保护消费者隐私的情况下，通过用户画像实现品牌精准推送。这样既迎合了消费者的需求，也进一步实现了品牌传播，消费者对品牌的认可度更高，更加有利于实现消费转化。

2. 依托区块链技术提升企业品牌影响力

区块链技术作为去中心化的网络协议，具有开放透明的特征，可以有效提升消费者对企业商品质量的信任度，从而提升企业品牌的影响力。

3. 依托人工智能技术优化企业品牌建设

人工智能技术可以有效降低企业品牌建设成本，例如，智能客户的上线，帮助诸多企业解决了人工客户在线时间的限制，也实现了人力成本的节约。现阶段，诸多企业纷纷上线智能客服，在必要时才启用人工客服，有效配置了资源，也提升了消费者满意度，完善了企业品牌建设机制。

（五）对接消费者的使用需求

企业品牌营销的过程可以通过与消费者之间的直接沟通来促进企业对消费者的全面了解，这样，在进行品牌建设的过程中，企业能够将消费者的需求综合全面地考虑进来，通过互联网技术让消费者参与到品牌的创建和发展过程中，对于强化品牌建设与消费者的联系具有重要的价值。

一方面，在优化品牌建设的过程中，对接消费者的使用需求能够使塑造出来的产品更加具有独特性，在推广的过程中也能够吸引更多的消费者，在实现企业品牌营销效果的同时也能够进一步深化企业与消费者之间的沟通和联系。

另一方面，在品牌优化的过程中，企业还可以通过与消费者之间的直接沟通来强化产品设计，这样在品牌营销的过程中能够通过互联网环境深入地了解消费者的使用需求，从而实现品牌建设时间的进一步缩短，有效地提高企业的品牌营销效率，促进企业市场竞争力的进一步提升。

第七章 中国传统文化与企业文化

创新是引领发展的第一动力,实施创新驱动发展战略已成为中国经济发展新常态下的国家战略选择。中国传统文化包含丰富的文化内容,体现了中华民族深厚的文化底蕴。将中国传统文化应用于现代企业发展,可以创新现代企业文化发展理念,赋予现代企业文化精神和文化思想,使现代企业文化在摸索与实践过程中逐渐丰富与完善。本章分为中国古代管理思想、中国传统文化与企业文化的构建两部分,主要包括中国古代管理思想、中国的传统文化、基于中国传统文化基础构建企业文化等内容。

第一节 中国古代管理思想

一、墨家组织管理思想

墨家在组织管理方面做得很好,有一套十分严格的管理法则,每个墨家子弟都要遵守,包括墨家的最高领导人——墨子。因此,墨家才能管理好这个复杂而且人员众多的组织。

墨子认为自己的言论是不能被轻易改变的,就是所有墨家子弟都必须精通且遵守《墨子》的精神核心。《墨子》中有"吾言足用矣,舍言革思者,是犹舍获而攓粟也。以其言非吾言者,是犹以卵投石也,尽天下之卵,其石犹是也,不可毁也"的记载。这些言论,都表现出墨子十分相信自己的话是正确的,自己提出的理论不能被轻易改变。

墨子是墨家的创始人,而且也是一个世间少见的贤人,所以基于种种累积起来的威望,使其在墨家组织中发挥着凝聚向心作用。墨家每一位子弟都受过很严格的教育训练。墨家组织管理思想主要体现在以下两个方面。

（一）理念层面

墨家的理念宗旨就是兼爱非攻。所谓兼爱，就是平等和博爱的意思。墨子要求君臣、父子、兄弟姐妹和老百姓都要在平等的基础上相互友爱。如果做不到"爱人若爱其身"，并且社会上出现了很多恃强凌弱的现象，那就是因为天下人不互相相爱而导致的不良结果。

墨家的兼爱和儒家不同，据《吕氏春秋》中记载，墨家认为兼爱和爱无差等是很重要的，兼爱是墨家组织最重要的宗旨之一。"兼爱"中"兼"的意思是全部兼顾，因此墨家的兼爱也可以认为是全部爱，无差等的爱。这也就和儒家的"仁爱"有着明显的不同，儒家的仁爱是需要区分血缘亲属的，但是墨家的兼爱则不同，墨家的兼爱不区分任何亲疏远近贫富贵贱。

墨子兼爱思想的本质是以人为本的管理思想，墨子希望通过让人们互相相爱、互相帮助来改善社会关系。这些思想应用进组织的管理一样是十分有用的，通过改善工作中的人际关系，让每个人都互爱互助，那么每个人的利益都能实现，这些对组织管理来说是有很大影响的。

墨子的尚贤思想应用于组织管理中，也同样有用。组织的价值就是组织内部人的价值，组织企业中的竞争说到底也就是人才的竞争，所以，重用人才，尊重有才能并且品行良好的人，是管理的根本所在。那么在按照才德招揽了一批人才后，再根据能力大小分配到合适的职位，是对现代企业组织建立良好的人才观有很大帮助的。如果，企业不论出身和社会关系，只论个人的能力德行来进行聘用，那么，就建立起了企业对人才的强大的吸引力。同时，墨家尚贤和尚同是相辅相成的，在一个组织里，如果下达的命令不统一，没有一个准确的行动纲领和指导意见，那么组织很容易陷入混乱，不利于组织的管理和命令的实施，会降低管理效用，提高管理成本，并且浪费时间，长此以往，企业很容易陷入管理无效。这些严重的后果十分不利于组织的良性可持续发展。

（二）领导层面

墨家巨子身为墨家组织当中的最高领导者，在墨家组织里具有至高无上的权威。这里所说的权威，是以服从为前提的。权威在这里被定义为具有服从和规定的特性，是不受个人意志支配的，权威约束了个人自由。墨家中巨子的权威，就是要求所有的墨家弟子必须服从于巨子，不允许个人随意地活动，这一点在墨家组织活动中比比皆是。

墨家组织作为一个军事组织，必须有巨子的权威，并且越复杂的活动，权威的作用越大越重要。比如说墨子"止楚攻宋",如果墨子没有绝对的权威,那便不能快速地调遣动用组织力量去协助宋国,而且在日常活动中,不管是造车还是制造武器,很多人的协同合作都是必须具备的,必须按照一定的时间来进行规定,这些举措也是为了避免不必要的冲突和矛盾。

不论是墨家还是其他组织,想要进行合理有效的运转,那就必须要有一个可以处理好、管制好一切事务并且起到决定性支配作用的意志,这个意志可能是一个团体,也可能是团体中选拔出来的一个代表。因此,在任何一种场合中,组织都需要确立一个明确的意志用于代表权威,只有这样,组织才能避免不必要的内部纷争,结束无头脑的混乱才能一致对外。特别是在遇到如同楚国攻打宋国这种危急时刻,战火一触即发,墨家作为游说组织,在这种危急关头,就更加需要一个具有专断权威的代表站出来解决问题。宋国领土能否保住,无辜黎民百姓的性命能否保全,就要看墨家子弟能否立即服从一个具有绝对权威的领导者,在领导者的带领下进而快速化解危机。这个事例表明了权威是客观存在的。墨家巨子或者任何一个组织的领导者的个人意志或权威,都是以背后完整的制度规章为基础的,并不是随意就有的,权威是领导者执行规章制度所体现出来的表象。

二、先秦儒家管理思想

儒家管理思想博大精深,涉及管理的方方面面,总的说来,孔子、孟子、荀子的管理思想一脉相承,前后相继,并在总体上形成了自己的体系结构,从"人性论"入手,明确管理关系的基础——"天人关系",进而通过"仁学"来具体提出各自的治国主张,最后在义利关系上重视"义"的作用,形成环环相扣的严密体系。

(一)人性论

在管理学研究和发展的过程中,非常重要的一个环节就是对人性认识的不断深入。面对春秋战国"礼崩乐坏"的时代背景,和当时大多数思想家一样,儒家学者对"人性"问题进行了深入的思考,并形成了自己的理论,成为其管理思想的基础。人在性情上是相近的或是相似的,但经过后天环境的影响和习俗的作用,就会出现很大的差别。

这种观点对于中国人性格的影响很大。因为重视后天环境和个人努力,所以中国各朝各代都有很多寒门子弟奋发图强,最终金榜题名,促进了社会人口的纵向流动。从某种方面来说,寒门子弟深知民间疾苦,能够较为客观有效地地进行各种管理工作。

孟子作为战国时期最为出色的辩论家，他将自己的学说建立在"性善论"的基础之上。虽说每个人都有"善端"，"人皆可以为尧舜"，但是如果任由后天环境中的种种诱惑和自己内心欲望来控制自己，人就会失去这"四端"。因此孟子认为对个人应当进行教化，启发诱导从而扩充"善端"，通过各种制度和礼仪来维护社会秩序的伦理规范。同时，个人还要进行"养心"，养一种顺应人的善性，顺应天地、顺应自然的"浩然之气"，从而实现从内外两个方面对"善端"的扩充。

先秦儒家思想家对于人性问题的探索，一方面是时代的需要，另一方面也是在为其学说建立一个坚实的基础。无论是孔子的"性相近，习相远"，还是孟子的"性善论"，都是在为个人的学说做铺垫。从孔子的人性论出发，"礼治""德政"是对个人后天环境的优化，有利于将人性引导到"善"的方向。从孟子的人性论出发，必然发展为诱导人们"善端"的"仁政"，"仁者无敌"也是因为其能抑制社会中的丑恶现象，弘扬美德，扩充善端。从荀子的人性论出发，必然发展出"隆礼尚法"的思想，将儒家的单纯教化发展到与法治相结合，从而有助于儒家治国理想的实现。孔孟二人的人性理论在中国的影响更为深远。二者关于人性的思想角度不同，也无所谓优劣，人类对于人性问题的探索也不会有尽头。对于出色的管理者来讲，"化性起伪"是先秦儒家思想家告诉我们，保持制度和教化两者的合理存在，从而实现管理目标是现实可行的途径。

（二）荀子的管理思想

荀子的管理思想以特有的战国历史背景为前提，秉承儒家学术理念，融合各家学派思想理念之精华的同时解各家之蔽，逐步建构了以儒家思想为主体、吸取诸子精华的管理思想体系，把先秦儒学推向思想的顶峰，为大一统社会的建立和国家管理准备了充足的思想资源，也为儒学成为社会主流文化奠定了坚实的基础。荀子的管理思想对先秦儒家管理哲学思想具有继往开来的意义。

1. 荀子管理思想的产生

春秋战国时期之前，社会制度主要以奴隶制为主。而到了春秋战国时期，主流的社会制度逐渐从奴隶制向封建制过渡，因此，过去的社会制度和管理方面的思想渐渐成为阻碍社会发展的因素。在各种社会矛盾的促进下，春秋战国时期在各方面均出现了一些变动。比如，政治上，王室的权利不断弱化，各诸侯国的权力越来越大，并形成争霸之势；经济上，开始出现土地私有化的现象；文化上，私学的出现，形成了新的阶层——"士"；思想上，人民逐渐摆脱从西周到春秋几百年来的天命思想。春秋战国时期，由于在上述四个方面的共同影响下，各学派分别提出了各自的主张，形成了百家争鸣的局面。随着各诸侯国首领权力和欲望的不断膨胀，社会各阶层之间的矛盾不断突出，各学派在思想领域方面由于主张不同，而引发了激烈的辩论和争斗。

封建制度在战国末年时在各诸侯国内相对稳定地施行了起来，结合当时的历史现状，对于结束各诸侯国分裂的局面、建立统一的封建国家，已经具备了相对完整的条件。在思想领域，尤其是意识形态方面，由于各学派在同一领域提出的主张不同，也出现了统一的需要。为了结束百家在意识形态方面的争斗现象，荀子勇敢地承担了这一责任，在孔孟思想的基础上，结合春秋战国以往各学派的理论，取其精华，去其糟粕，在批判和辩证的思维指导下，结合自己的想法，形成了荀子自己的哲学思想体系。当然，荀子的哲学体系也包含了其独特的管理思想。春秋战国时复杂的社会背景和繁荣的学术氛围，使荀子对当时的社会现象产生了深刻的体会，并深入学习了先秦诸子的思想理论。荀子的管理哲学思想体系相较之前各学派而言更有体系，更全面、更客观，理所当然地成为过去两千多年以来在哲学思想方面的集大成者。

2. 荀子管理思想的特征

（1）整体性

荀子的管理思想融合了百家之思想，他在改造诸子学说的同时又吸收了百家思想并为己所用，以此形成了独特的管理思想体系，荀子思想的继承与发展之精髓也正在于此。他主要吸收了儒家孔子的思想，站在一个弘扬、完善的角度，批评了百家思想之偏，认为各家的弊端在于没有界定清楚人的管理主体地位，就无法对社会乃至国家实施积极地管理；没有看到人的合理欲望；没有认识到群体层次划分的合理性和重要性；忽略了逐利过程中，"义"的重要管理价值。荀子在解前者之蔽的前提下，提出了较为系统的、整体的管理思想，其思想体系具有重大理论和实践意义。郭沫若先生就曾说："他不仅集了儒家的大成，而且可以说是集了百家的大成。"

（2）实效性

荀子的管理思想体系的构建着眼于现实需求和实践价值，他继承了儒学管理理念的同时，增强了其管理思想与现实社会的互动作用。荀子以人为前提，以天人观为哲学基础，构建了自身管理思想，这两者是其思想的精华之处。首先，他指出人之为人在于人的社会性，并提出了性恶论的人性观，强调我们必须对人的恶因子进行改造，即以礼义道德标准进行约束。这一思想，实则表征了人要接受管理、实施管理行为的必要性，并不是强调人性本恶的。当我们须施加礼义规范时，就能发现管理过程中外界的驱动力是极其必要的存在。其次，荀子"义利两有"的整体管理目标思想，从社会经济层面和道德层面论述了人类世界最终追求和谐发展的本质。综上所述，无论荀子的哪一方面的思想内容，都是为了解决社会实际问题所作的理论分析，我们可以从其思想中汲取出有意义的契合当代价值的内容，因此他的思想具有可行性和实效性。

（3）重视"明分"与"能群"

"能群""明分"是荀子思想的重要组成部分，"能群"指擅长配置人力和物力等资源的才能。"明分"与"能群"之间存在着颇为丰富的联系。在"明分"的前提下，可以实现对资源的优化配置，当人力、物力等资源被恰当地应用后，可以取得良好的运行效率，从而取得成功。即"能群"也是"明分"后的结果。"能群"可以确立较为合理的组织制度，最大化地发挥系统的管理作用，从而实现和谐相处的目标。在此，荀子是这样理解"分"的。一般来说，一个有秩序的集体往往不是自发形成的，需要通过管理才能实现，所以对集体进行管理很有必要性，荀子从这种必要性出发来探讨"分"的含义。

合理的社会分工可以促进整个世界的和谐发展，从而形成一种良性的循环。另外，荀子在分析比对不同职业之间的差别时，对不同职业之间的内在联系也做出了分析："泽人足乎木，山人足乎鱼；农夫不斫削、不陶冶而足械用，工贾不耕田而足菽粟。故虎豹为猛矣，然而君子剥而用之。故天之所覆，地之所载，莫不尽其美，致其用，上以饰贤良，下以养百姓而安乐之。"

细致的社会分工加强了社会上各种职业之间的联系，提高了生产效率，促进了工商业的繁荣发展，推动了人类文明的进程。社会是由不同种族、不同等级的群体组建而成的，需要运用合理的社会分工去调节它们之间的关系。组建有序的组织结构，建立良好的社会秩序，"分"无疑是非常重要和关键的。由此可见，荀子是从人的本质层面去探讨人所具有的贪欲和好利的特点的。

第二节　中国传统文化与企业文化的构建

一、中国传统文化

（一）儒家文化

众所周知，在中国传统文化中，儒家文化占据着主体地位。总结学者们对于儒家文化的解释，儒家文化是一套极为庞大的文化体系，其核心便是儒家思想。它由孔子建立，孟子、荀子等儒家学者不断丰富，涵盖知识、伦理、信仰、道德等多个不同方面的内容。儒家文化的核心思想可以用"内圣外王"这四个字来概括，包含了自我修身和治理国家两个方面，其根本指南是"仁义礼智信"。具体来说，"内圣"要求的是人们提高自我修养从而成为圣贤之人，实现的方式主要包括修身、诚意、正心、格物与致知。而"外王"要求的是人们共同构建大同社会，通过"齐家""治国""平天下"三个步骤来实现。

"仁"，就是仁爱，它作为儒家文化最为核心的内容，强调的是人与人之间如何和谐相处。具体来说，儒家的仁爱思想提倡人和人要和睦和融洽地相处，提出人不能只考虑自身利益，应该更多地以其他人的视角来对问题进行解析，多为其他人分忧，必须保持同情心、爱心，关心其他人。做事上，儒家提倡在做事之前要对多个方面进行认真的思考，自觉地遵守相关的社会秩序。

"义"是儒家文化中用来规范君子行为的标准之一，"义"强调的是当别人处于困境时，可以主动伸出手，为其提供帮助，这是区分人与动物的根本特征。儒家文化对"义"这一理念的弘扬使得人们愿意承担社会责任，从此形成了有序稳定的社会。当然，在"义"与"利"的问题上，儒家主张重义轻利，并且认为"君子爱财，取之有道"。在儒家文化看来，人必须通过自身的努力获取合法的收入，而不是唯利是图，在遇到"义"与"利"相冲突时，应该舍鱼而取熊掌，将"义"置于"利"之上。

如果说"义"是儒家文化对君子提出的高要求，那么"礼"就是儒家文化中用于约束与规范寻常人行为的一套标准。儒家文化提出道德教育可以让每个人都对自己的社会地位有一个深刻的认识和把握，进而在做人做事时应该合乎礼法。在这种思想的影响下，儒家坚持了礼治的理念，认为"礼治"的核心在于等级制度。"礼"最早出现在殷商，当时的"礼"更多地表现为祭祀鬼神时的规范。

通过西周时期的发展，"礼"逐步转变为一套用来对宗法等级制进行维护的重要制度，其关键内容"亲亲""尊尊""长长""男女有别"等长期影响人们。儒家重视礼节，儒家的典型人物基本上都比较重视礼制，"克己复礼为仁"是孔子的重要观点，荀子也继承了这种理念，认为"礼之于正国家也，如权衡之于轻重也，如绳墨之于曲直也"，并提出若是没有礼的存在，那人就无法交际，事情就无法进行，国家就不会安宁。

伴随汉武帝罢黜百家独尊儒术，儒家思想开始占有了重要的领导地位，原先的一些周礼的方针也逐步演化为"君为臣纲、父为子纲、夫为妻纲"，甚至转变为礼教。"论资排辈"就是礼教的一个具体的体现，它意味着人们必须按照尊卑排序。受到论资排辈文化影响到的人们被要求对自己要有一个全面的认识，清晰自己当下所处的地位，禁止出现逾越阶级的现象。

"智"也是儒家文化对人们提出的要求之一，它强调人们要不断地通过实践来学习知识，从而能够更好地理解道德伦理，变得通情达理，仁慈宽容。

"信"是人际交流期间的基本规定，要求人们恪守自己的承诺，儒家对"信"比较重视。在《论语》里，"信"也经常被提到，可见孔子对"信"是比较关注和重视的。

（二）宗族文化

在中国古代文化氛围中，个体和他人形成的社会关系，就像水的波纹一般，一圈圈推出去，愈推愈远，也愈推愈薄，而宗族是社会圈层中最核心，也是最为重要的一环。与西方社会依靠城市作为主要生活单位不同，中国数千年都是依靠宗族作为社会交往平台，由此形成了独特的宗族文化传统。

宗族是"以血缘为纽带的同宗同族人构成的社会群体"，文化人类学家常把这种亲属群体类比为较一般扩大家庭更大的群体现象。宗族起源于西周的宗法制度，宋代的朱熹将其发展成一个完整的文化系统，从宋代开始封建统治阶级通过理学实现了对宗族组织的重构，上层阶级推崇祖宗崇拜与"孝"的核心伦理，修宗祠、编family谱由此开始。而在明朝1563年后，统治阶层推行平民宗族化治理，允许平民修建宗祠，祭拜祖先。随后几百年宗族组织相对稳定，在战乱时为族人提供避风港，并为族人提供教育、贷款等方面的支持。

（三）方言文化

社会学中有大量文献论述了语言和文化间的关系，认为语言同时具有社会和认知的双重属性，语言和文化是主客体相互交融、内在统一的有机整体，是一种社会文化现象。语言类型蕴含着特定的文化模式和思维方式，是特定族群文化的重要组成部分，体现着一个族群对世界的基本认知方式和成果，通常被当作构成一个民族的标志性元素之一。同时，语言作为其他文化的载体，承载着一个族群在长期的历史过程中积累的大量文化信息。地域方言是语言的地方变体，地域方言又称地方方言或地域专用语言，指在特定地域历史性地沉淀下来并被人们作为公共场合交流工具的语言，人口、地理环境、历史、文化等因素的差别体现为地域差别，这些差别不仅造成了地域方言的迥异，也成就了语言的丰富形态。

我国历史悠久、幅员辽阔，各地自然、地理环境迥异，再加上历史上多次大规模移民的影响，各地形成了各具特色的区域文化。在深层次的文化价值观和文化习俗上，中国的区域文化呈现多元化，各地成分多样、结构复杂、积淀深厚的方言系统很好地体现了地域的差异。不同区域文化在语言、风俗传统、行为准则和道德规范等方面都存在不同程度的差异。

二、基于中国传统文化基础构建企业文化

（一）敬业报国的企业文化

"忠"是儒家思想中重要的道德规范之一。忠的字体意思，就是存心居中，正直不阿。"忠"指为人处世的一种老实厚道的态度，所谓"臣事君以忠"，古代士大夫不仅忠于小家，更要有忠于君、忠于国的治世情操。"忠"的内涵中也包含着忠诚和忠于职守的意思。"忠"与企业文化相结合，要求的是企业员工忠于职守、勤奋努力。作为企业的员工在工作中要做到对企业忠诚，尽心尽力地做好本职工作，具有奉献精神。对企业忠诚的员工，能够长期为这个企业工作，甚至为企业服务一生，完成好自己负责的各项工作并尽力提高职业技能和修养，对于自己知道的企业商业秘密能够严格保密。

对企业忠诚、勤奋工作的员工是企业的宝贵资源，要想提升员工对企业的忠诚度，只是简单地依靠说教是不能达到目的的，需要运用灵活多变的方式让企业文化走进每一个员工的心中。可以将诠释企业文化的漫画张贴于食堂、车间。企业可采取大家喜闻乐见、幽默诙谐的方式弘扬中国的传统文化，并将传统文化融入提升员工对企业忠诚度的过程中，让企业员工能够充分理解"忠"的内涵，在心中牢固树立"忠"的思想。此外，还要用各种方式让员工感受到企业对他们的重视，员工才会对企业忠诚。

（二）积极进取的企业文化

《周易》中的"天行健，君子以自强不息"，以及越王勾践"卧薪尝胆"的故事，都体现了坚韧顽强的精神，这种精神也是中国传统文化一直推崇的。正是有了这种精神，中华民族在历史上面临无数次的内忧外患才能生机勃勃地存在和发展下来。将中国传统文化的刚健有为的进取精神与企业文化相结合起来，有利于培养企业员工坚韧不拔的意志、不屈不挠的精神，使企业员工在企业经营遇到困难时能够迎难而上、顽强拼搏，不被困难和逆境所吓倒，能够与企业一起共渡难关。由于当今世界经济竞争异常激烈，企业难免会遇到这样那样的困境，要顺利渡过难关，持续发展下去，其必不可少的内在精神动力就是自强不息的精神。

（三）以人为本的企业文化

企业以人为本的文化，能够将个人的发展与企业的发展有机地结合起来，做到企业发展与个人发展同步并相互促进。能否有效利用企业的人力资源，是衡量一个企业的文化观、价值观是否符合现代企业制度的重要内容，也是一个企业的管理是否具有科学性和先进性的体现。

企业首先应全方位关爱员工，其理念是"心系员工、共谋福祉"。当员工在生活中遇到各种困难和问题时，企业都会积极主动尽力帮助员工解决，让员工在企业中有一种回家的感觉，使员工在企业中感受到家的温暖，这样不仅提高了员工的凝聚力，也增强了企业的向心力，吸引了许多人才，也留住了很多优秀人才。其次，深入激发员工潜能。尊重每个员工的理想、感情和人格，在此基础上充分让企业员工发挥其积极性和创造力。企业可以为员工设置展示自己才华的平台，人力资源部会对空缺的职位进行统计，把相关情况在企业内部予以公开公布，并组织员工进行"竞选"，每个员工都有机会竞争自己喜欢的职位。正是这种机制，为每位员工创造了有效的职位晋升途径，不但充分发挥了员工的聪明才智，而且为企业任用优秀员工提供了重要的参考。

企业文化中的以人为本与儒家思想中的"仁"具有很多的相同点。普遍认为，儒家思想中"仁"的含义就是爱人，体现在企业管理中，关键是发现人才，本质是使用人才，方式则是管理人才，任何事情都不可能离开人。

（四）坚持诚信的企业文化

诚信，在企业文化建设中具有重要作用。坚持诚信，是每个企业的立足之本，也是一切文明社会及其成员都应该努力践行的共同的价值观念。企业集团要想永久生存及持续发展,就必须有自身独特的企业文化,将其作为安身立命的基础。儒家诚信思想和企业文化相结合起来,就形成了"诚实守信"的商场伦理原则和"言信行实"的质量观、信誉观。譬如业界经商取胜的法宝有"以忠诚赢得信誉,以信誉取得效益""诚招天下客,誉从信中来"等。

(五)修齐治平的企业文化

爱祖国、爱人民、爱企业、爱亲人、爱朋友的企业风气在孕育和生长过程中,培养了一批积极奉献、勇于担当的优秀人才,塑造了以爱国主义为核心的企业形象,推动了集体奋斗、团结协作精神的形成。企业文化必然受到国家文化的熏陶与影响,是在国家文化滋养下生长的有灵魂、有思想的企业文化。企业应把中国共产党的各项方针政策作为企业行动的纲领,号召企业员工认真贯彻落实党的各项方针政策,约束自身行为,提高政治意识、思想意识、道德意识。

三、中国传统文化融入企业文化的必要性

企业的建设离不开文化的引导,文化的发展需要企业的支持。一方面,企业是发扬与传承中国传统文化的主体之一,企业管理制度蕴含着丰富的传统文化,企业通过对传统文化的传承,能够进一步使传统文化得到发扬。首先,企业成员在工作中深受中国传统文化的熏陶,并体现在日常生活与工作中,如对待工作认真的态度、积极求知的创新精神。其次,社会大众也会逐渐注意到优秀的企业文化,优秀的企业文化将潜移默化地影响整个社会,在社会中形成和谐的文化氛围。

另一方面,中国传统文化在企业的应用,对于企业来说是顺应我国发展现状的需要,是企业保持生机的需要。学习中国传统文化能够使我们了解其核心的思想理念,并且能够将其运用到企业的建设中,为企业的建设提供中国智慧。企业通过学习中国传统文化的核心精神,同时,结合自身的发展理念和发展的进程,可以把中国传统文化融入企业建设过中去,创造出符合自身发展状况的企业建设路径。用中国传统文化的观点来引导企业建设活动的开展,能够使企业明确企业目标,丰富企业的内涵。

(一)构建以人为本的企业文化的需要

中国传统文化中对"人"重视的思想为企业文化构建指明了方向。人才是企业核心竞争力,更是企业创新发展的源泉。

中国传统文化是营造以人为本企业文化氛围的需要。近年来,我国的经济增长速度飞速提升,国家的影响力也在世界的舞台上占据重要地位,社会大众的生

活水平进入了新高度。在不断变化的新时代，我国的企业也需要适应变化的事物，不断改进企业管理制度，使其适应新时期发展的需要。面对人工智能、互联网等高新技术产业的兴起，"人"的地位被不断放大，优秀的企业家开始把"以人为本"的管理思想作为企业文化的核心价值观。"以人为本"是儒家思想的重要组成部分，对于整个中华民族的发展与强大具有不可取代的作用。该思想对现代企业文化具有深刻的影响，是培养友善和谐的企业文化氛围的基础。在企业内部，"以人为本"是指企业领导对待员工友善亲切，尊重员工的劳动成果，关注员工的生活状况、心理健康，积极为员工考虑，使员工的收入待遇和与其为企业贡献的价值相对等，从而使员工乐于为企业做贡献，达到员工的利益与企业的目标相统一的目的。从企业外部来看，"以人为本"体现于生产与服务之中，企业力求以优质新颖的产品与服务打动顾客，增强企业的竞争力。反之，若企业违背"以人为本"的思想，对待员工苛刻冷漠，对待顾客欺瞒敲诈，最终会伤及自身，无法长远地发展下去。

（二）增强和改善企业管理文化的需要

具有五千年历史的中国传统文化，是世界文明宝库里的瑰宝，是我们国家生生不息和一切发展进步的强大支撑力量，是我们今天建设新时代中国特色社会主义赖以植根的文化沃土和滋养中华民族蓬勃发展的智慧之源。纵观中国传统文化历史，可以说管理思想硕果累累，虽然我们中国没有一个规范的管理理论体系，但从古至今，我们社会的发展是不缺乏管理思想的，相反，我们拥有博大精深的管理成果和管理智慧，对当今企业管理理论的建构有深刻的影响。

在春秋战国时期，百家争鸣，各种思想流派纷纷涌现，其中以孔孟为代表的儒家学说、以老庄为代表的道家学说、以墨翟为代表的墨家学说、以韩非为代表的法家学说最有影响力，无论是帝王"治国理政"之道，还是个人出入世之道，它们都有着丰富的辩证思想和管理智慧。比如儒家的"仁者爱人""以德治国"，道家的"上善若水"，墨家的"兼爱非攻"，法家的"公平公正"等。各家各派热切表达着对国家管理、社会管理的理想抱负、基本认识和实践策略，它们的落脚点几乎都是"治国安邦""修身齐家治国平天下"并最终走向"大同"社会。虽然古代管理思想大部分是为君主"治国"而立的，但对今天的企业发展，这种管理理论有异曲同工之妙，都是为决策者提供一种管理智慧，都是为了带领一个团体走向更长远的未来。一个企业领导者若能善用中国传统文化中的管理智慧，对企业价值观、企业愿景和企业的使命，都能有一个积极推进的作用。

我国的企业管理制度多受西方管理思想的影响，在西方的管理思想的主导下，我国企业建设面临许多问题。一般来说，管理制度的顺利推行离不开一定的文化背景，真正合理高效的管理制度需要与文化环境相适应。因此，在企业蓬勃发展的时代，我国企业应努力寻求与中国经济环境相适应的管理制度，而我国传统文化提供了很好的思想引导。中国传统文化历经五千年，从来没有间断过，这也体现了其无比的优越性和不可替代性。将我国传统文化运用到企业的建设之中，能够使得中国企业的管理更加具有中国特色，促进我国企业形成自己独特的管理理念和管理体系，在新时期大放异彩。

1. 至诚至信的管理思想

《论语》有云"民无信不立"，信誉是一个企业立足的根基。企业讲诚信体现了企业应当具备的责任意识和自身的道德水准，有利于构建积极的企业形象。诚信思想对企业管理的意义主要体现在以下几个方面：首先，企业上级与下级之间的诚信有利于企业内部诚信体系的建设，有利于在企业内部形成互尊互爱的和谐氛围，从而降低企业职工的流动性；其次，企业对消费者的诚信有利于企业获得消费者的信赖，为企业培育稳定长久的顾客群体，一个能够获得消费者信任的企业也能在当今激烈的竞争中有立足之地；最后，企业与企业之间的诚信有利于企业获得行业的认可与其他企业的信任，提升企业的信誉，在社会中树立良好的企业形象。因此，诚信思想对于现代企业管理具有重要的作用。

2. 和为贵的管理思想

"和为贵"体现的是我国传统文化的一种思想观念，这里的"和"指的是承认矛盾，即矛盾发展的协调与统一。企业管理的目的就是综合运用现代管理思想和相应的管理手段，达到企业内部各环节之间的相互协调，提升工作效率。和为贵思想有利于企业达到内部和外部的统一。在企业内部，首要解决的是"人的问题"，企业中人员众多，存在文化、生活习惯等方面的差异，企业需要从这些差异中寻找联系，加强员工之间的交流协作，将企业的员工团结起来，从而使企业员工处于一种较为稳定的状态。在企业外部，企业的发展受到外部环境的影响，因此企业需要不断调整自身的管理制度达到与不断变化的外部环境的协调发展。例如，企业要贯彻落实绿色发展的理念，达到人与自然的和谐共处。和为贵思想潜移默化地影响着现代企业管理制度，使企业努力达到企业内部员工和各部门的统一以及企业与外部环境的统一。

3. 中庸的管理思想

"中庸"的思想不是指模棱两可,而是寻求适度、适当,不偏不倚的辩证思想。在计划上,企业要保持适度的增长速度,既不能制定不符合实际的增长计划,也不能拘泥于当前的增长水平;在组织上,企业要保持集权与分权的统一,既不能将权力过度集中在上级领导,忽视员工的诉求,也不能过于分权,使企业变为一盘散沙;在领导方面,管理者既要带领成员实现目标,又要使小组成员自由发表自己的想法,提出自己的建议;在控制上,领导要保持事前、事中、事后控制的平衡,使成员能够在发挥能动性的同时,又不脱离管控。由此,"中庸"的思想为企业的发展提供了肥沃的管理养分。

参 考 文 献

［1］曹凤月.企业文化与企业伦理研究[M].北京：光明日报出版社，2014.

［2］刘东辉.弘扬企业文化　争做优秀员工[M].北京：企业管理出版社，2016.

［3］丁孝智.企业文化的多维审视[M].北京：新华出版社，2016.

［4］索晓伟.企业文化的塑造[M].长春：吉林文史出版社，2017.

［5］杨少龙.企业文化与企业安全教程[M].北京：北京理工大学出版社，2017.

［6］李全海，张中正.企业文化建设与管理研究[M].北京：中国商务出版社，2019.

［7］张忠根，刘艳彬.扶持企业创新的地方政府行为研究[M].杭州：浙江大学出版社，2018.

［8］赵青.传承与创新：企业文化建设路径研究[M].北京：科学技术文献出版社，2018.

［9］陈安娜.互联网企业文化研究[M].杭州：浙江工商大学出版社，2019.

［10］陈孟强.管理无形：企业文化生命力与无形管理[M].北京：民主与建设出版社，2019.

［11］李思慧.开放经济下的企业创新资源配置[M].北京：中国经济出版社，2019.

［12］沙亦鹏，叶明海，王伟榕.万众创新时代下的企业创新与财务管理[M].上海：同济大学出版社，2019.

［13］邢小强，杨震宁.新时代中国企业创新发展的若干问题研究[M].北京：企业管理出版社，2019.

［14］徐景德.基于企业文化的安全管理模式研究[M].北京：应急管理出版社，2020.

［15］揭红兰.科技型中小企业创新驱动发展研究[M].长春：吉林大学出版社，2020.

［16］王德胜.基于持续竞争优势的企业文化作用机理研究[M].济南：山东大学出版社，2020.

［17］温晶媛，李娟，周苑.人力资源管理及企业创新研究[M].长春：吉林人民出版社，2020.

［18］段磊，刘金笛.企业文化：建设与运营[M].北京：企业管理出版社，2021.

［19］柴广成，鲍兴莉，李琳，等.中外企业文化差异与经营管理[M].北京：科学技术文献出版社，2021.

［20］房丽华.信息化智能化的小微企业创新创业研究[M].芜湖：安徽师范大学出版社，2021.

［21］徐晓飒.关于企业文化创新之于企业可持续发展重要性的思考[J].河南工业大学学报（社会科学版），2014，10（03）：79-83.

［22］史寅玉.企业文化创新对于企业管理创新的影响分析[J].东方企业文化，2014（08）：97.

［23］张作梅.企业文化对企业创新方式的影响研究[J].现代国企研究，2015（08）：242.

［24］张晓群.企业文化创新与核心竞争力的形成[J].品牌研究，2015（10）：241-242.

［25］吴珺.企业文化创新对企业管理创新的影响[J].甘肃科技纵横，2015，44（11）：49-50.

［26］杨建效.企业管理中企业文化创新的中重要性研究[J].中国国际财经（中英文），2016（19）：52-53.

［27］梅小宇.企业文化创新对企业管理创新的影响探究[J].南方农机，2017，48（04）：129.

［28］张莉.分析企业文化创新对企业管理创新的影响力[J].现代商业，2017（33）：112-113.

［29］江辉.企业管理创新与企业文化创新的关系分析[J].中国商论，2018（26）：103-104.

［30］尤丽娟.企业文化创新对企业管理创新的影响分析[J].全国流通经济，2021（34）：67-69.